KB237097

개념기반 정보검색 기법

개념기반 정보검색 기법

노 영 희 著

한국학술정보㈜

책 머리에

지식정보시대를 맞이하여 인류의 문화발전에 기여하고 있는 지식정보량은 가히 셀 수 없을 정도로 엄청나다. 인류는 수많은 정보자료를 효율적으로 관리하고 탐색하고 활용함으로써 각 학문분야의 발전을 꾀하여 왔다. 이러한 역할의 중심에 선 것은 정보자료의 소장처인 도서관이며 이를 연구하는 학문이 문헌정보학이다.

문헌정보학 분야에서는 1960년대부터 수작업에 의한 검색방법에서 벗어나 컴퓨터를 이용한 통계적 검색기법을 개발함으로써 정보지료 검색에 있어시 미약직인 빌진을 도모하였다. 초창기 개발된 통계적 방법으로서 불리언 기법은 현재까지도 사용되고 있는 가장 강력한 검색기법으로 평가되어 왔다. 그러나 순위화 문제나 검색식의 어려움 등의 문제점을 해결하기 위해 가중치 기법, 확률검색 기법, 기타 지능형 검색기법들이 수없이 개발되어 왔으나 여전히 이용자들의 검색결과에 대한 만족도는 낮다고 할 수 있다.

최근에 본격적으로 연구되기 시작한 개념기반 정보검색 모형은 기존의 통계적 검색모형의 단점을 보완할 수 있는 차세대 검색모형으로 간주되고 있다.

개념기반 정보검색은 의미망 구조의 지식베이스를 기반으로 초기 탐색문에 대한 개념확장을 수행한 후 확장된 탐색문을 가지고 최종 탐색을 수행하는 검색 기법이다. 이용자는 자료를 검색할 때에 자신의 요구에 적합한 용어를 미리 생각해 내지 못하는 경향이 있으나 개념기반 정보검색시스템은 이용자의 초기 탐색문을 기반으로 개념확장을 함으로써 검색성능을 향상시켜 준다.

개념기반 검색모형의 주요 요소는 개념확장 알고리즘과 의미망 구조의 지식베이스이다. 따라서 이 책에서는 개념기반 검색모형과 지식베이스에 대한 이론과 함께, 가장 효과적인 개념기반 검색모형을 제시하기 위하여 개념확장 알고리즘을 비교하는 실험과 지식베이스의 성능을 비교하기 위한 실험을 수행한 결과를 보여주고 있다.

개념확장 알고리즘에는 순차적 bnb 알고리즘, 병렬적 bnb 알고리즘, 그리고 홉필드 넷 알고리즘이 있으며, 개념확장 대상이 되는 의미망 구조의 지식베이스는 다양한 방법으로 구축될 수 있다. 이 책에서는 문헌기반 지식베이스, 시소러스기반 지식베이스, 통합형 지식베이스, 동의어 처리형 지식베이스 등 네 개의 지식베이스를 소개하고 있다.

이 책은 2000년에 박사학위 논문으로 발행된 것을 약간의 용어 교정과 색인작업을 거쳐 책으로 발간하게 된 것이다. 이 책이 나오기까지 교정과 색인작성 등 정성과 노고를 아끼지 않은 박주선 연구원에게 깊은 감사를 드린다.

2005년 9월

노 영 희

그림차례

제1장 서 론

1.1 연구의 목적

대부분의 상업적인 정보검색시스템은 여전히 전통적인 도치색 인파일과 불논리 검색 기법에 의존하고 있다. 통계적 정보검색 기법 중 특히 확률검색 기법은 검색성능을 향상시키기 위해 확률검색 공식을 다양하게 변형하며 사용되어 왔으나(Maron and Kuhns 1960; Bookstein and Swanson 1975), 확률검색을 일반화시키기에는 몇 가지 문제점이 있었다. 즉, 확률검색은 적합할 확률과 부적합할 확률을 기반으로 하고 있다는 점과 용어의 독립성이 보장되어야 한다는 점이 문제점으로 지적되고 있다.

1980년대 후반에는 지식기반 정보검색 기법이 폭넓게 연구되어 왔다. 이 기법들은 정보검색시스템 설계시에 탐색자의 주제영역지식과 정보전문가의 분류체계에 대한 지식, 효과적인 탐색전략, 그리고 발견적 질문수정 기법을 활용하고 있다(Chen and Dhar 1991). 이러한 시스템들은 그 유용성에도 불구하고, 단지 프로그램 되어진 대로만 실행하고 학습 능력이 없기 때문에 주제전문가로부터 지식을 수집하여 지식베이스를 유지하고 갱신하는 데 많은 노력이 요구되었다(Simon 1991).

이후 인공지능 분야에서 주로 수행된 기계학습에 관한 연구에서는 인간 전문가의 개입을 줄이기 위한 방법을 모색하였다. 인간 주제전문가로부터 지식을 요구하는 시스템들은 최신성을 유지하기 위해 끊임없는 갱신노력이 이루어져야 하는 반면에, 기계학습에 기반을 둔 시스템은 원문으로부터 자동으로 지식을 수집한다. 이러한 기계학습방법에서 가장 일반적으로 사용되는 추론방법으로는 ID3와 같은 추론학습 알고리즘(Quinlan 1983), 다계층 신경망 알고리즘(Lippmann 1987), 그리고 진화원리에 기반을 둔 유전자 알고리즘(Fogel 1994) 등이 있다.

최근에 본격적으로 연구되기 시작한 개념기반 정보검색 모형은 기존의 통계적 검색모형의 단점을 보완할 수 있는 차세대 검색모형으로 간주되고 있다.

개념기반 검색모형은 일반적으로 시스템에 입력되는 문헌 데이터베이스로부터 지식베이스를 자동으로 구축하고, 이 지식베이스를 대상으로 개념확장을 수행한 후 문헌 데이터베이스로부터 관련 정보를 검색한다. 따라서 개념기반 검색모형의 성능을 좌우하는 주요 요소는 지식베이스와 개념확장 알고리즘이라고 할 수 있다.

개념기반 정보검색을 위한 지식베이스는 흔히 문헌에 출현한 용어들의 동시출현빈도를 기반으로 용어들 간의 의미 거리를 산출함으로써 구축된다. 의미 거리를 갖는 지식베이스는 의미망으로 표현될 수 있으며, 이용자가 입력한 탐색어에 대해 의미망으로 표현된 지식베이스를 대상으로 개념확장을 함으로써 검색의 효율을 높일 수 있다. 왜냐하면, 이용자는 자신이 원하는 주제분야의 자료를 검색하기 위해 질문을 표현할 때, 개념을 정확하게 표현하지 못하거나 관련된 용어들을 미리 생각해 내지 못하는 경향이 있기 때문이다. 문헌을 기반으로 하여 구축된 지식베이스는 문헌과 문헌 간의 관계, 그리고 각 문헌에 출현한 용어들 간의 관계를 통계적으로 분석하여 용어 간의 의미 거리를 산출하였기 때문에 전통적인 시소러스만큼 정확하지는 않더라도, 용어 간의 의미 거리를 기반으로 개념확장을 하는 것이 불합리하지 않은 것으로 여겨지고 있다.

이와 같이 의미망 구조의 지식베이스를 기반으로 개념확장을 수행하는 알고리즘을 개념확장 알고리즘이라 하며, 개념확장 알고리즘으로는 bnb 알고리즘(branch-and-bound expansion activation algorithm)과 홉필드 넷 알고리즘(Hopfield net algorithm)이 사용되고 있다.

bnb 알고리즘은 적용되는 지식베이스에 따라 크게 발견적(heuristic) bnb 알고리즘과 순차적(sequencial) bnb 알고리즘으로 구분할 수 있는데, 전자는 주로 전통적인 시소러스에 적용되고 용어 간의 관계 정의에 따라 개념확장을 수행한다. 후자는 의미망 구조의 문헌기반 지식베이스에 적용되어 지식베이스 내 용어 간의 의미 거리에 따라 개념확장을 수행한다. 홉필드 넷 알고리즘은 신경망 구조의 지식베이스에 적용되는 개념확장 알고리즘이다.

이 책에서는 인간 전문가의 주제영역지식을 요구하지 않으면서도 유용한 지식베이스를 구축할 수 있는 방안을 모색하고자 하며, 이러한 지식베이스를 이용하여 개념확장을 할 수 있는 효과적인 개념기반 정보검색 기법을 제시하고자 한다. 이를 위해 위에서 설명한 순차적 bnb 알고리즘과 순차적 bnb와 개념확장 방식이 다른 병렬적 bnb 알고리즘, 그리고 홉필드 넷 알고리즘의 검색성능을 비교 분석하였다.

순차적 bnb 알고리즘은 개념확장이 순차적으로 발생하는 알고리즘이다. 즉, 이용자가 입력한 초기 탐색어에 대하여 1차 개념확장을 한 후 가장 높은 용어 가중치를 갖는 용어에 대하여 2차 개념확장을 하며, 다시 확장된 용어들 중에서 가장 높은 용어 가중치를 갖는 용어로 확장해 가는 방식을 취하고 있다. 반면에 병렬적 bnb 알고리즘은 이용자가 입력한 초기 탐색어에 대하여 1차 개념확장을 하고, 확장 조건을 만족하는 확장된 모든 용어에 대하여 병렬적으로 2차 개념확장을 한다. 한편, 홉필드 넷 알고리즘은 선행 연구에서 주로 신경망 구조의 지식베이스에 적용되어 왔으나 이 책에서는 의미망 구조의 지식베이스에 그대로 적용할 수 있도록 하였다.

개념기반 검색모형의 검색성능은 개념확장 대상이 되는 지식베이스에 따라서도 달라질 것이다. 따라서 이 책에서는 효과적인 지식베이스 구축을 통하여 검색성능을 향상시키고자 하였다. 이를 위해 개념확장 대상이 되는 의미망 구조의 지식베이스를 다양한 방법으로 구축하였는데, 실험된 지식베이스는 문헌기반 지식베이스, 시소러스기반 지식베이스, 통합형 지식베이스, 동의어 처리형 지식베이스이다.

1.2 연구의 방법 및 범위

이 책에서는 개념기반 정보검색에서 연구되어 온 다양한 개념확장 알고리즘을 비교 평가하고, 개념기반 검색모형에 적합한

지식베이스를 개발함으로써 개념기반 검색의 성능을 향상시키고
자 하였다. 이를 위한 실험은 크게 두 부분으로 구성되어 있다.
실험 1에서는 개념기반 검색을 수행하기 위해 사용된 개념확장
알고리즘들의 검색성능을 문헌기반 지식베이스를 사용해서 비교
분석하였다. 실험 2에서는 실험 1에서 비교 평가된 개념확장 알
고리즘 중 검색성능이 가장 높은 알고리즘을 다양한 방법으로
개발된 네 개의 지식베이스에 적용함으로써 지식베이스의 성능
을 비교 분석하였다.

실험 1에서 개념기반 검색을 수행하기 위해 사용되는 알고리
즘은 순차적 bnb 알고리즘, 병렬적 bnb 알고리즘, 그리고 홉필
드 넷 알고리즘이다. 실험을 통하여 위 세 개의 알고리즘을 이
용하여 검색을 수행하였을 때의 검색효율을 비교 분석하였다.
또한 각 알고리즘을 사용하여 개념확장을 수행할 때에 걸리는
시간을 비교하였으며, 상용화된 검색시스템에서 가장 일반적으
로 사용되고 있는 불논리 검색 기법의 단점을 보완하기 위해 개
발된 P-norm 검색모형과 비교 분석함으로써 통계적 정보검색
시스템과의 성능 차이를 알아보고자 하였다. 위 실험은 문헌으
로부터 자동으로 구축된 문헌기반 지식베이스를 대상으로 수행
된다.

실험 2에서는 실험 1을 통하여 가장 우수한 개념기반 검색모
형으로 판명된 알고리즘을 다양한 지식베이스에 적용함으로써
지식베이스별 성능을 비교하고자 하였다. 실험 2에서 비교되는
지식베이스는 모두 네 개로서 문헌기반 지식베이스와 통합형 지
식베이스, 시소러스기반 지식베이스, 그리고 동의어 사전이 추
가된 동의어 처리형 지식베이스이다.

문헌기반 지식베이스는 실험 1에서 사용되었던 지식베이스로서 문헌으로부터 자동으로 구축된 지식베이스이고, 통합형 지식베이스는 전통적인 시소러스에 문헌기반 지식베이스를 통합한 지식베이스이다. 시소러스기반 지식베이스는 전통적인 시소러스의 USE/UF, NT, BT, RT의 어의적 관계를 값으로 변환하여 의미망 구조로 표현한 것이다. 마지막으로 동의어 처리형 지식베이스는 전통적인 시소러스 사전의 어의적 관계 중 동의어 관계만을 문헌기반 지식베이스에 추가하여 구축한 지식베이스이다.

실험 데이터로 사용된 데이터베이스는 경제학 분야 정기간행물 기사의 초록으로서, 실험을 위해 수집된 자료는 총 1,024건이다. 이들 자료의 초록으로부터 용어를 추출하고 용어 간의 관계를 분석한 후 용어 간의 의미 거리를 산출하여 의미망 구조의 지식베이스를 구축하였다.

한편, 실험 2에서 지식베이스 개선을 위해서 사용된 전통적인 시소러스는 한국경제신문사에서 발행한 〈경제신문 시소러스〉이다(한국경제신문사 1993). 이 시소러스는 본래 신문기사 검색을 보조할 목적으로 개발된 시소러스이기 때문에 경제학 분야의 지식베이스 검색을 위해 사용하기에는 다소 불합리할 수 있으나, 본 실험을 위해 시소러스를 분석한 결과 경제학 분야의 개념확장에 사용하여도 무리가 없는 것으로 판단되어 수정 없이 그대로 사용하였다.

개념기반 정보검색시스템은 Digital Unix 4.0D OS 시스템에서 구현되었다. 시스템 개발에 사용한 프로그램 언어는 C언어와 Perl이고, 데이터 저장을 위해 사용된 데이터베이스는 Oracle 7.3.3이며, 이용자 인터페이스는 웹 기반으로 구현되었다.

  이 책의 제한점으로는 실험 문헌 집단의 규모가 작다는 것이다. 특히, 이 책에서는 다양한 방법으로 구축된 지식베이스를 비교하기 위해 전통적인 시소러스를 이용하고 있는데, 비교 대상인 시소러스의 규모보다 실험을 위해 선정된 문헌 집단의 규모가 작기 때문에 실제 환경과 차이를 보이고 있다.

제2장 이론적 배경

2.1 의미망 구조의 지식베이스

2.1.1 문헌기반 지식베이스

통계적 기법에 의해 용어와 용어 간의 유사도를 산출하고, 이를 기반으로 의미망 구조의 지식베이스를 구축할 수 있다. 즉, 문헌으로부터 지식베이스를 구축하기 위해 각 문헌으로부터 용어를 추출하고 용어의 가중치를 산출한 다음 용어의 문헌 내 동시출현빈도를 기반으로 유사도를 산출하여 의미망으로 표현한다.

특정 문헌에 출현한 용어의 가중치를 산출하기 위한 공식은 다양하지만, 그 중에서 스파크 존스(Sparck Jones 1972)가 제시한 역문헌빈도 가중치 공식(〈공식 2.1〉)이 가장 일반적으로 사용되어 왔다.

$$idf_k = log\frac{N}{n_k} \hspace{3cm} \text{〈공식 2.1〉}$$

위 공식에서 N은 전체 문헌의 수이고 n_k는 용어 k가 출현한 문헌의 수이다. 위의 역문헌빈도 가중치 공식은 문헌빈도가 낮은 단어 즉, 적은 수의 문헌에 나타난 단어에 높은 중요도를 부

22

여하는 결과를 가져온다. 그러나 역문헌빈도 가중치는 용어의
특정성만을 고려하고 용어의 출현빈도는 고려하지 않고 있다.

  설튼(Salton 1976)은 스파크 존스의 공식에 문헌 내의 단어빈
도(tf_k)를 곱한 값을 가중치로 줌으로써 문헌빈도가 낮고 한 문
헌 내 단어빈도가 높을수록 특정 단어가 높은 가중치를 갖도록
하였다. 특정 문헌 i내의 용어 k의 가중치가 $tf \cdot idf$일 때, 가중치
w_{ik}는 다음과 같다.

$$w_{ik} = tf_{ik} \times idf_k \qquad \qquad \text{〈공식 2.2〉}$$

  유와 설튼(Wu and Salton 1981)은 단어빈도와 역문헌빈도를
각각 최대값으로 나누어 표준화시킨 공식(〈공식 2.3〉)을 적용한
검색에서 좋은 실험결과를 얻은 바 있다.

$$w_{ik} = \frac{tf_{ik}}{max(tf_{ih})} \times \frac{idf_k}{max(idf_h)} \qquad \text{〈공식 2.3〉}$$

tf_{ik} = 용어 k가 특정 문헌 i에서 출현한 빈도

$max(tf_{ih})$ = 특정 문헌에서 가장 높은 출현빈도를 갖는 단어의 빈도

idf_k = 용어 k가 전체 문헌에서 출현한 빈도

$max(idf_h)$ = 전체 문헌 데이터베이스에서 가장 높은 출현빈도를 갖는
　　　　　　　단어의 빈도

  한편, 가중치가 부여된 두 용어 간의 의미관계를 생성하기 위
해서는 용어 간의 유사도가 산출되어야 하는데 개념기반 검색을
위한 의미망 구조의 지식베이스를 구축하는 데 사용되는 유사계
수에는 다이스 유사계수, 클러스터링 유사계수 및 코싸인 유사

계수 등 다양하다. 린치와 첸(Lynch and Chen 1994)은 대규모 문헌 데이터베이스로부터 지식베이스를 생성하는 연구에서 의미망 구조의 지식베이스를 클러스터링 유사계수 공식과 코싸인 유사계수 공식에 의해 자동으로 구축하였다. 연구결과 통계적 기법에 의해 생성된 지식베이스는 특정 주제 분야의 개념을 비교적 잘 표현해 주었으며 대규모 문헌 데이터베이스에도 적용될 수 있는 가능성을 증명해 보였다. 이 두개의 공식은 용어의 동시출현빈도에 근거하여 유사도를 산출한다는 점에서 동일하지만 몇 가지 차이점이 있다. 가장 두드러진 차이점으로는 이 공식들에 의해 지식베이스가 구축되었을 때, 코싸인 유사계수 공식에 의해 구축된 의미망은 대칭적이고 클러스터링 유사계수 공식에 의해 구축된 의미망은 비대칭적이라는 점이다. 클러스터링 유사계수(〈공식 2.4〉)와 코싸인 유사계수(〈공식 2.5〉)를 공식으로 표현하면 아래와 같다.

$$W(T_j, T_k) = \frac{\sum_{i=1}^{n} d_{ij} \times d_{ik}}{\sum_{i=1}^{n} d_{ij}} \qquad \text{〈공식 2.4a〉}$$

$$W(T_k, T_j) = \frac{\sum_{i=1}^{n} d_{ij} \times d_{ik}}{\sum_{i=1}^{n} d_{ik}} \qquad \text{〈공식 2.4b〉}$$

$$W(T_j, T_k) = \frac{\sum_{i=1}^{n} d_{ij} \times d_{ik}}{\sqrt{\sum_{i=1}^{n} d_{ij}^2 \times \sum_{i=1}^{n} d_{ik}^2}} \qquad \text{〈공식 2.5〉}$$

〈공식 2.4〉에서 $W(T_j, T_k)$는 용어 T_j에서 용어 T_k로의 유사도 가중치이고 $W(T_k, T_j)$는 용어 T_k로부터 용어 T_j까지의 유사도 가중치이다. d_{ij}는 문헌 i에 출현한 용어 T_j의 가중치이고($0 \leq d_{ij} \leq 1$), d_{ik}는 문헌 i에 출현한 용어 T_k의 가중치이다($0 \leq d_{ik} \leq 1$). 〈공식 2.5〉에서 $W(T_j, T_k)$는 용어 T_j와 용어 T_k 간의 유사도 가중치를 나타낸다.

데이터베이스가 끊임없이 추가되는 환경에서는 지식베이스도 동적으로 갱신되어야 한다. 새로운 문헌집합이 입력되었을 때 지식베이스를 갱신하는 방법은 두 가지로 나누어 생각해 볼 수 있다. 첫째, 기존에 입력되었던 문헌과 함께 새로운 문헌-용어 행렬을 작성하고 새로운 용어관계를 산출하는 방식이다. 둘째, 기존의 지식베이스는 그대로 두고 새로운 문헌집합만을 가지고 용어 간의 유사도를 산출하는 방식이다.

전자의 경우 기존에 형성되었던 용어 간의 관계는 완전히 소멸되고 새로운 용어관계를 산출하게 된다. 이 방법에 의해 산출되는 용어 간의 관계는 보다 정확해질 수 있을 것이다. 그러나 지식베이스를 재구성하는데 시간이 너무 오래 걸리고 시스템 부하도 커지는 단점이 있다. 후자의 경우 일정한 시간 간격으로 또는 새로 입력된 문헌의 수가 어느 정도 쌓였을 때 새로 입력된 문헌만을 대상으로 하여 용어 간의 유사도를 산출한다. 이 경우 전자보다는 용어 간의 유사도 값이 다소 부정확할 수 있지만 지식베이스를 완전히 재구성할 필요가 없고 또한 짧은 시간 안에 지식베이스를 갱신할 수 있는 장점이 있다.

2.1.2 통합형 지식베이스

앞 장의 문헌기반 지식베이스는 검색 대상이 되는 문헌들로부터 용어 간의 관계를 산출하여 구축된다. 그러나 용어 간의 관계를 산출함에 있어 전문가들이 용어 간의 관계를 정확하게 규정해 놓은 용어사전을 참조하는 것은 지식베이스를 보다 정밀하게 구축할 수 있게 할 것이다. 즉, 시소러스와 문헌을 모두 지식베이스 구축에 활용함으로써 지식베이스의 정확성을 증가시키고 검색효율성을 향상시킬 수 있을 것으로 보인다.

초기 지식베이스는 인간 전문가에 의해 정교하게 구축된 정적 시소러스이며, 시소러스 내 용어와 용어 간의 관계는 의미망 구조로 비교적 간단하게 표현될 수 있다. 즉, 사전에 나타난 용어 간의 관계에 적절한 값을 부여하여 의미망에 용어들을 표현할 수 있다. 첸 등(Chen et al. 1994)은 용어 간의 관계값의 범위를 0에서 10까지로 지정하고 세 가지 유형의 링크 즉, RT/NT/BT에 각각 3/10/1의 가중치를 부여하였다.

이러한 초기 지식베이스는 특정 주제 분야의 용어 관계만을 표현하고 있으며 실제 검색대상이 되는 문헌 데이터베이스에 대한 특성을 반영하고 있지 않다. 따라서 시소러스에 있는 용어들이 실제 문헌에 출현하지 않을 수도 있으므로 문헌 데이터베이스의 특성을 반영하기 위해서는 데이터베이스의 정보가 초기 지식베이스에 반영되어야 한다.

이를 위해 문헌에 나타난 용어 간의 관계를 초기 지식베이스에 적극 반영하는 것이 통합형 지식베이스이다. 두 용어가 하나의 문헌에 동시에 출현하는 빈도가 높다면 두 용어 간에는 어떤 관련이 있을 것이며, 따라서 의미망에서 링크가 생성될 수 있다. 즉, 문헌으로부터 추출된 각 용어들은 문헌 데이터베이스 내에서의 중요도에 따라 가중치를 갖게 되며 두 용어 간의 유사도 값은 적절한 유사계수 공식에 의해 산출될 수 있다.

문헌으로부터 산출된 두 용어 간의 관계가 초기 지식베이스에 반영되는 과정은 어떤 연관성이 있는 두 용어가 모두 초기 지식베이스에 있는 경우와, 두 용어 중 하나만 있는 경우, 그리고 하나도 없는 경우에 따라 각각 다르다. 문헌 분석결과 연관성이 발견된 용어 T_j와 용어 T_k가 모두 존재하는 경우 기존의 유사도 값은 새로이 발견된 유사도 값에 의해 변경된다. 두 용어 중 하나만 지식베이스에 출현하는 경우 발견된 용어에 새로운 노드와 링크를 생성시켜 주고, 문헌 데이터베이스 분석결과 어떤 관련성이 있는 두 용어가 초기 지식베이스에 하나도 출현하지 않는다면 지식베이스 내에 독립된 노드와 링크를 생성시켜 준다.

2.1.3 질의기반 지식베이스

문헌만을 대상으로 하여 지식베이스를 구축하든지 아니면 전통적 시소러스와 문헌을 기반으로 하여 통합형 지식베이스를 구축하든지 효율적인 지식베이스라면 새로운 문헌의 특성을 반영하기 위하여 끊임없이 갱신되어야 한다. 문헌기반 지식베이스나 통합형 지식베이스를 갱신하는 방법으로 앞에서 설명한 바와 같이 새로 입력되는 문헌들을 분석하여 문헌 내 용어의 동시출현빈도를 산출하고 용어 간의 유사도를 산출하는 방법이 있다. 또 다른 지식베이스 갱신 방법으로 이용자가 입력한 질문으로부터 용어 간의 유사도를 산출하는 방법이 있다. 즉, 이용자가 입력한 질문을 분석한 결과 두 개의 용어가 동시에 출현하는 빈도가 높으면, 이 두 용어 간에는 어떤 관련성이 있을 것으로 보고 이용자가 입력한 질문으로부터 용어 간의 유사도를 산출하는 방법이다. 이 방법은 귄쩌 등(Gntzer et al. 1989)이 동적 시소러스를 구축하기 위해 사용하였던 방법이다. 그는 다수의 이용자가 그들의 연구와 관련된 분야의 전문지식을 가지고 있다는 가정에 기초하여 학습이 가능한 TEGEN 시스템을 개발하였다. 이 시스템은 실제 탐색 행위에서 조합되는 용어들과 그 조합방식으로부터 이용자의 전문지식을 추출한다. 추출된 지식을 반복적으로 다른 이용자들이 확인하게 하여, 검증을 거친 용어관계만 시소러스에 포함시킴으로써 용어 간 관계의 품질을 유지하고자 하였다. 그러나 그가 사용하였던 시소러스 구축기법은 시소러스의 품질이 이용자의 전문지식 및 용어관계에 대한 지식에 크게 의존하므로 이용자의 수준에 의해 시소러스의 수준이 결정되는 단점이 있으며, 검색의 성능을 높이는데 사용되기까지는 오랜 시간이 걸리게 된다.

질문에 출현한 두 용어 간의 유사도를 측정하는 유사계수 공식으로는 다이스 유사계수나 코싸인 유사계수 등 다양하게 있으며 이들 공식에 의해 각 용어 간의 유사도가 산출되는 시점은 질문의 수가 특정 기준치 이상 들어 왔을 때이다. 이는 질문의 수가 적을 경우 질문을 기반으로 한 용어 간의 유사도 산출이 다소 신뢰성이 떨어질 가능성이 있기 때문이며 질문의 개수는 실험적으로 결정될 수 있다. 이렇게 해서 산출된 두 용어 간의 유사도 값은 지식베이스에 반영되며 두 용어 간의 새로운 유사도 값이 산출된다.

2.2 개념기반 검색모형

2.2.1 bnb 알고리즘을 이용한 개념확장

지식베이스를 의미망 구조로 구축하였을 때 개념확장의 방법론이 검색성능을 결정할 것이다. 의미망 구조로 지식베이스를 잘 구축하였다 하더라도 개념확장 모형이 부적합하다면 좋은 검색효율을 기대하기는 어려울 것이다.

최근에 의미망에 대한 효율적인 추론 알고리즘 개발의 중요성이 강조되기 시작했는데 소와(Sowa 1991)는 개념확장 방법으로서 두 용어 간의 의미 거리를 채택했으며 효율적인 추론 알고리즘을 개발할 것을 제안했다.

그러나 의미망에 대한 추론 알고리즘의 기초가 된 것은 확장 활성화(spreading activation)이며, 이 알고리즘은 인공지능기반 시스템에 채택된 상태 공간 항해(state space traversal)의 변형이다. 추론은 링크를 따라 진행되며, 초기 노드와 연결된 노드를 따라 항해한다. 일반적으로 보다 짧은 경로가 긴 경로보다 선호된다.

깊이우선 탐색(DFS: depth-first-search), 너비우선 탐색(BFS: breadth-first-search), bnb(branch-and-bound) 확장 활성화 탐색, 그리고 A^* 탐색과 같은 전통적인 탐색 기법은 상태 공간 항해에 사용되어 왔다(Winston 1984). 이 중에서 A^* 탐색과 bnb 확장 활성화 탐색은 의미망상에서 매우 적합한 용어들을 중심으로 확장해 가기 때문에 DFS나 BFS보다 많이 사용되어 왔다.

그 중에서 개념확장 방법으로서 최적의 기법으로 평가되고 있는 bnb 알고리즘은 확장대상이 되는 지식베이스가 용어 간의 BT, NT, RT 관계가 명확한 시소러스인 경우와 용어 간의 관계가 의미값으로만 표현된 지식베이스인 경우에 각각 다르게 적용된다.

2.2.1.1 전통적인 시소러스기반 개념확장

정보검색시스템에서 주요 문제는 하나의 용어와 연관된 다양한 용어들이 출현한 문헌들을 검색해 내지 못한다는 것이다. 따라서 완전일치 기법을 채택하고 있는 정보검색시스템에서 이용자가 탐색어로 입력할 수 있는 어휘는 문헌을 표현하는데 사용되었던 용어로 제한된다. 이용자에게 무제한적으로 어휘를 제공할 수 있는 방법으로 다소 일반적인 것은 이용자가 탐색문을 재형성할 수 있도록 시소러스를 참조할 수 있게 하는 것이다.

시소러스 브라우징 전략은 이용자에게 탐색어의 불확실성을 감소시키는 도구로 사용된다. 즉, 이용자가 탐색어를 입력하면 탐색어와 관련된 용어들로 확장하기 위해 전통적인 시소러스에 대해 확장 알고리즘을 적용한다.

전통적인 시소러스를 기반으로 하여 탐색어를 확장해 가는 bnb 알고리즘을 보통 발견적 bnb 알고리즘(heuristic bnb algorithm)이라 한다. 발견적 bnb 알고리즘은 시소러스가 가지고 있는 용어 간의 명확한 관계를 참조하여 용어를 확장하여 가기 때문에 시소러스기반 개념확장 검색에 일반적으로 사용된다. 이 알고리즘에 대해 구체적으로 살펴보면 아래와 같다.

개념확장을 진행하기 전에 먼저, 용어 간의 관계에 대한 값을 정의해야 한다. 첸 등(Chen et al. 1994)은 용어 간의 관계값의 범위를 0에서 10까지로 지정하고 세 가지 유형의 링크 즉, RT/NT/BT에 각각 3/10/1의 관계값을 부여하였다.

첸과 다(Chen and Dhar 1991)의 또 다른 연구에서는 USE/NT/RT/BT 등의 용어 관계에 각각 3/9/5/1의 가중치를 부여하였다. USE 링크는 두 개의 동의어를 연결하기 때문에 USE 링크를 따라 경로를 확장할 때에는 USE 링크에 의해 확장된 새로운 용어가 확장 전의 가중치를 갖도록 하였다.

입력된 탐색어에 대하여 시소러스를 기반으로 개념확장을 해나가는 과정은 다음과 같다(Chen and Dhar 1991).

(1) 경로 대기행렬을 생성한다. 최초의 경로 대기행렬은 이용자가 입력한 탐색어만으로 구성되어 있다. 탐색어들은 이웃하는 노드의 수에 의해 가중치가 부여되며 가중치순으로 배열된다. 즉 특정성이 높은 용어로 먼저 확장한다는 원칙에 따라 가장 적은 수의 이웃 노드를 가진 탐색어가 대기행렬의 가장 위에 놓이게 된다. 최초의 대기행렬이 T_1, T_2, T_3, T_4의 탐색어로 구성되어 있고 각각의 용어가 가지는 이웃 노드의 수가 각각 0, 3, 6, 5라고 한다면 대기행렬은 다음과 같이 생성된다.

$$Q_{IN} = \{T_1,\ T_2,\ T_4,\ T_3\}$$

T_1의 이웃 노드가 하나도 없기 때문에 더 이상 확장이 이루어지지 않는다. 따라서 T_1이 제일 먼저 Q_{IN}에서 제거되어 Q_{OUT}에 저장된다.

$$Q_{OUT} = \{T_1\}$$

(2) 다음으로 T_2 용어에 대한 개념확장이 이루어지며 확장된 용어에 대한 가중치는 다음과 같은 공식에 의해 산출된다.

$$N_{path} = O_{term} * RW * N_{term} \qquad \langle 공식\ 2.6 \rangle$$

여기에서 N_{path}는 확장될 노드의 가중치이고 O_{term}은 확장되기 전 용어가 가지는 이웃 노드의 수이며, RW(relative weight)는 링크의 상대적 가중치이다. 그리고 N_{term}은 확장될 용어의 이웃 노드의 수이다.

(3) 대기행렬이 비워지거나 이용자가 요구한 조건을 만족할 때까지 확장을 계속한다. 이용자의 조건을 만족하지 못한 상태라면 Q_{IN}에서 가장 높은 순위에 있는 용어로부터 새로운 용어로 확장한다.

(4) 이용자가 요구한 조건을 만족하면 개념확장을 중지한다. 그리고 Q_{OUT}의 용어들을 용어 가중치의 오름차순으로 정렬한다. 즉 가장 작은 값을 가진 용어가 대기행렬의 가장 위에 놓이게 된다.

위와 같이 발견적 확장 활성화 알고리즘(heuristic expansion activation algorithm)은 관계 정의가 명확한 전통적인 시소러스에 적용하기에 적합한 알고리즘이다. 이용자의 요구를 표현하기에 적합한 용어를 발견하기 위한 발견적 활성화 과정은 다음과 같이 4가지 원칙을 바탕으로 진행될 수 있다(Shoval 1985; Cohen and Kjeldsen 1987).

첫째, 특정성이 높은 단어로 확장한다. LCSH나 UMLS 등 대부분의 시소러스를 볼 때, 의미망 구조에서 가장 소수의 이웃 노드를 가지는 노드는 보다 많은 이웃 노드를 가지는 노드보다 특정성이 높다는 것을 알 수 있다. 탐색자들은 자신의 정보요구를 다소 광범위하게 기술하는 경향이 있기 때문에, 보다 소수의 이웃 노드를 가진 노드로 먼저 확장한다.

둘째, 특정성이 높은 링크를 따라 확장한다. 링크의 유형에는 NT, BT, RT, USE/UF 관계 등이 있다. 시스템에 따라 다르게 적용될 수 있지만 대부분 USE/UF, NT, RT, BT 순으로 링크를 확장한다. 즉, NT링크를 탐색하기 전에 먼저 USE/UF링크를 탐색하고 RT링크를 탐색하기 전에 NT링크를 탐색하며, BT링크를 탐색하기 전에 RT링크를 탐색하여 용어를 확장한다. 이렇게 함으로써 보다 특정성이 높은 링크를 따라 개념확장을 해 나갈 수 있다.

셋째, 이용자가 입력한 탐색어를 초기 노드라고 할 때, 이 초기 노드에 가까운 노드로 먼저 확장한다. 확장이 진행될 때, 초기 노드로부터 가까운 거리의 노드로 먼저 확장하고 그 다음으로 가까운 노드로 확장해 간다. 초기 노드로부터 가까운 거리에 있는 노드가 먼 거리의 노드보다 더 적합할 것이라는 가정은 합리적이다.

넷째, 확장수준을 2단계로 제한한다. 의미망에서 두 노드 간의 링크의 수는 용어 간의 의미적 관계를 설명해 준다. 이용자가 입력한 초기 노드와 밀접한 관계에 있는 용어만을 발견해 내기 위해 2단계까지 초기 노드를 확장한다. 즉, 초기 노드로부터 2단계까지의 링크로만 확장한다. 2단계까지로 확장을 제한한 이유는 하나의 노드에 연결된 수백 개의 링크를 추적할 수 없기 때문이며, 또한 탐색자들은 자신의 탐색어들을 2단계 이상 확장하거나 축소시키지 않으려는 특성이 있기 때문이다. 발견적 알고리즘은 초기 노드에 의미적으로 적합한 용어만으로 확장하게 하며 그 이상의 확장은 부적합한 용어를 질문에 포함시킬 수 있다. 하나의 용어가 두 개 이상의 링크에 의해 확장 대상이 되는 경우가 있다. 이 용어는 하나의 링크에 의해 방문되는 용어보다 높은 가중치를 갖게 될 확률 즉, 이용자에게 더 의미 있는 용어일 확률이 높다. 두 개 이상의 링크에 의해 참조되는 용어의 가중치는 참조 횟수나 참조 수준 등을 고려하여 산출할 수 있을 것이다.

2.2.1.2 문헌기반 지식베이스에 의한 개념확장

앞 절의 발견적 bnb 알고리즘은 용어 간의 관계가 어의적 관계에 의해 표현된 지식베이스에 적용되는 알고리즘이다. bnb 알고리즘은 용어 간의 관계가 의미값으로만 표현된 지식베이스에도 적용될 수 있다.

의미망 구조의 지식베이스에 적용되는 bnb 확장 활성화 탐색은 개념확장이 진행되는 동안 최단 경로를 찾기 위한 방법이며, 이용자가 제공한 용어에서 개념확장이 시작된다(Chen and Dhar 1991). 이용자가 제공한 초기 탐색어에는 1의 가중치가 부여되며, 다음으로 이 용어들과 직접적으로 관련이 있는 이웃하는 용어들을 탐색한다. 확장된 용어의 가중치는 이용자가 입력한 용어와의 링크 가중치를 기반으로 산출된다. 특정 기준치까지 용어들을 확장한 후에 확장된 용어와 이용자가 입력한 용어는 용어의 가중치순에 따라 우선순위 대기행렬(priority queue: $Q_{priority}$)에 저장된다.

의미망 구조의 지식베이스기반 bnb 알고리즘은 적절한 이용자 정의 상태에 도달할 때까지 확장 과정을 반복한다. 개념기반 정보검색에 채택된 알고리즘과의 상호작용 과정에서 이용자는 시스템에 적절한 확장용어 수(p)와 확장될 용어의 가중치(W_p)를 제공하도록 요청 받는다. 이용자가 제시한 이 두 개의 변수는 bnb 반복 확장 과정의 중지 조건(stopping condition)으로 작용한다. 초기 탐색어는 처음에 동일한 가중치를 갖기 때문에 모두 활성화되며, 첫 번째 확장 후에 $Q_{priority}$는 내림차순으로 모든 초기 탐색어와 직접적으로 연결된 이웃 노드들을 찾아 그것의 W_p를 산출하게 된다. 다음으로 $Q_{priority}$에서 가장 상위의 용어에 대하여 개념확장을 하는 과정을 반복한 후, p번째까지의 노드를 구분해서 이용자가 제시한 두 조건을 모두 만족하는 용어만 최종 탐색문으로 선택된다.

이와 같이 이용자가 지정한 기준치는 시스템이 이용자의 초기 탐색어와 유사한 용어를 적어도 p개 생성할 것을 보장한다. 반복이 진행되는 동안 대기행렬에서 보다 높은 가중치를 갖는 용어들은 $Q_{priority}$에서 높은 순위에 놓이게 될 것이다. 시스템이 검색을 중지하는 시점은 출력 대기행렬의 노드가 p개 이상으로 구성되어 있을 때, 또는 $Q_{priority}$에서 가장 높은 순위에 있는 노드의 가중치가 이용자가 제시한 기준치 즉, W_p보다 낮을 때이다.

bnb 알고리즘을 단계적으로 기술해 보면 다음과 같다.

(1) 링크에 가중치를 부여한다. 의미망의 초기 상태는 문헌정보로부터 추출된 노드와 링크로 표현되어 있다. t_{ij}는 노드 i로부

터 노드 *j*까지의 링크 가중치이다.

(2) 이용자의 탐색문을 입력한다. 이용자가 입력한 초기 탐색어 집합이 {S1, S2, …… Sm}일 때, 의미망에 나타난 용어들 중 초기 탐색어와 일치하는 용어는 1의 가중치를 갖는다.

$$\mu_i(0) = x_i, \ 0 \le i \le n-1$$

$\mu_i(t)$는 *t*번 반복한 후의 노드 *i*의 가중치이다. 초기 탐색어에 할당된 노드의 가중치는 1이다.

(3) bnb 알고리즘은 내림차순으로 우선순위 대기행렬인 $Q_{priority}$를 생성한다. 최초의 우선순위 대기행렬은 아래와 같다.

$$Q_{priority} = \{S1, S2, \ \cdots\cdots \ Sm\}$$

또한 출력 대기행렬인 Q_{output}을 생성해야 하는데, 이는 확장이 반복되는 동안 활성화 노드를 저장하기 위해서이다.

$$Q_{output} = \{ \ \}$$

(4) 반복이 계속되는 동안, bnb 알고리즘은 $Q_{priority}$에서 가장 높은 가중치의 노드들을 제거하고 그들의 이웃 노드들을 활성화시키며, 다음 공식에 의해 이웃 노드들의 가중치를 산출한다.

$$\mu_j(t+1) = \mu_j(t) \times t_{ij} \qquad \langle공식 \ 2.7\rangle$$

위 식에서 $\mu_j(t+1)$는 bnb 알고리즘에 의해 확장될 새로운 노드의 가중치이고, $\mu_j(t)$는 확장 전 노드의 가중치이며 t_{ij}는 확장 전 노드와 확장될 새로운 노드의 유사도 가중치 즉, 링크 가중치이다. 새롭게 활성화될 노드의 가중치는 활성화될 노드와 활성화되기 전 노드 간의 링크 가중치에 의존한다.

(5) 활성화되었던 노드는 출력 대기행렬, Q_{output}에 저장된다. 계산이 끝난 후 모든 활성 노드들은 가중치순으로 정렬되어 $Q_{priority}$에 저장된다.

(6) 두 개의 다른 노드로부터 도달되는 노드의 가중치는 두 노드 간의 유사도 가중치를 합하여 산출할 수 있다. 이와 같이 의미망에서 두 개의 다른 시작 노드에 의해 도달되어질 수 있는 하나의 노드에 보다 높은 가중치를 할당하는 기법은 기타 확장 활성화 탐색에 채택되어 왔다(Shoval 1985; Cohen and Kjeldsen 1987; Chen and Dhar 1991).

의미망 구조의 지식베이스기반 개념확장 검색을 위하여 bnb 알고리즘을 적용함에 있어 개념확장을 순차적으로 하는 방법과 병렬적으로 하는 방법이 있다. 위의 bnb 알고리즘은 순차적으로 수행하는 알고리즘이라 할 수 있는데, 순차적 bnb 알고리즘은 개념확장을 할 때, 먼저 이용자가 처음 입력한 탐색어들에 대하여 개념확장을 하고 확장된 용어들을 가중치순으로 정렬한 다음, 가중치가 가장 높은 용어에 한해서 개념확장을 수행한다. 이 경우 개념확장이 이용자가 입력한 탐색어와 가장 밀접한 관계에 있는 용어들을 중심으로 이루어지며 이용자가 요구한 최대 탐색어 수를 채우면 바로 개념확장을 중지할 수 있는 장점이 있다. 그러나 개념확장이 이루어질 때마다 확장된 용어들에 대한 정렬작업이 이루어져야 하는 단점이 있다.

병렬적 bnb 알고리즘은 이용자가 처음 입력한 탐색어들에 대하여 개념확장을 수행하고 확장된 모든 용어들에 대하여 병렬적으로 개념확장을 수행한다. 이 때 이용자가 제시한 기준치 이상의 확장용어 가중치를 갖는 모든 용어들에 대하여 확장이 이루어진다. 순차적 bnb 알고리즘은 확장된 용어들을 가중치순으로 정렬한 후 가중치가 가장 높은 용어에 대하여 확장을 하는 반면에 병렬적 bnb 알고리즘은 확장된 용어들 중 이용자가 요구한 확장된 용어의 가중치보다 높은 가중치를 갖는 모든 노드에 대하여 병렬적으로 개념확장을 한다. 병렬적 bnb 알고리즘의 장점은 개념확장이 병렬적으로 발생하기 때문에 여러 번 정렬작업을 수행할 필요가 없다는 점이다.

병렬적 bnb 개념확장 알고리즘은 순차적 bnb 알고리즘과 유사한 과정을 거치게 되는데, 그 과정을 구체적으로 기술하면 다음과 같다. 먼저, 이용자의 탐색문을 받아들인다. 이용자가 입력한 초기 탐색어 집합이 {S1, S2, …… Sm}일 때, 의미망에 나타난 용어들 중 초기 탐색어와 일치하는 용어는 1의 가중치를 갖는다. 다음으로 대기행렬을 생성한다. 이용자가 입력한 초기 탐색어들과 확장된 용어들을 임시로 저장하기 위해 초기 대기행렬(input queue), Q_{input}과 출력 대기행렬(ouput queue), Q_{output}을 생성해야 하는데, 이는 확장이 반복되는 동안 활성 노드를 저장하기 위해서이다.

반복이 계속되는 동안 병렬적 bnb 알고리즘은 Q_{input}에 있는 모든 노드들의 이웃 노드들을 활성화시키며, 〈공식 2.7〉에 의해 이웃 노드들의 가중치를 산출한다.

앞에서 설명했듯이 새롭게 활성화된 노드의 가중치는 활성 노드 가중치와 활성 노드 및 이웃 노드 간의 링크 가중치에 의존한다. 마지막으로 활성화되었던 노드는 출력 대기행렬, Q_{output}에 저장된다. 계산이 끝난 후 모든 확장 노드들은 가중치순으로 정렬되어 Q_{input}에 저장된다. 두 개의 다른 시작 노드로부터 도달되어지는 하나의 노드 가중치는 순차적 bnb 알고리즘에서와 같이 두 용어 간의 유사도 가중치를 합하여 산출한다.

한편, 병렬적 bnb 알고리즘에 의한 개념확장을 중지하는 시점을 결정하는 중지 조건은 순차적 bnb 알고리즘과 동일하다. 순차적 bnb 알고리즘에서와 같이 병렬적 bnb 알고리즘은 이용자로부터 확장될 용어의 수(p)와 확장된 용어가 가져야 할 가중치(W_p)를 제공받고 W_p 이상의 모든 용어에 대하여 병렬적으로 활성화가 이루어진다.

2.2.2 홉필드 넷 알고리즘을 이용한 개념확장

홉필드 넷 알고리즘(Hopfield 1982; Tank and Hopfield 1987)은 가중치가 부여된 단일층(single-layered)의 망에서 개념을 추론해 나가는 전통적인 방법으로서 bnb 알고리즘의 대안으로 고려되고 있다. 이 알고리즘은 병렬 완화적 탐색(parallel relaxation search)을 수행한다. 즉, 탐색이 진행되는 동안 노드들은 병렬적으로 활성화되며 활성화된 노드의 가중치는 모든 초기 탐색어로부터의 링크 가중치들을 참조한다. 홉필드 넷 알고리즘은 병렬탐색을 수행하고 수렴적(convergent) 속성 및 단일층의 구조를 갖기 때문에 원래 신경망 탐색에 적용되어 왔다. 홉필드 넷 알고리즘은 다양한 분류업무나 최적화 업무에 사용되어 왔고(Lippmann 1987; Simpson 1990), 최근에는 블랙보드기반 검색시스템에 사용되기도 했다(Chen et al. 1993). 그러나 대규모 지식베이스망에 적용함에 있어 이 알고리즘과 다른 전통적인 탐색 기법들을 비교하는 실험은 수행된 바 없다.

홉필드 넷 알고리즘에 의해 이용자의 부정확한 탐색문이 의미망으로 표현된 지식베이스상에서 구체화될 수 있다. 즉 초기 탐색문이 지식베이스상의 특정 노드와 연관되면, 홉필드 넷 알고리즘에 의해 이웃 노드로 활성화되며 활성화된 노드는 초기 탐색어들과 연결된 링크의 가중치들을 반영한다. 또한 변형함수(SIGMOID 함수, f_s)를 적용하여 새롭게 활성화될 노드를 결정한다. 이 과정은 출력 노드(node outputs)가 다음의 반복탐색에서 더 이상 변화가 없을 때 멈추게 된다. 홉필드 넷 알고리즘에 의한 개념확장이 성공적으로 완료된 후 출력 노드는 초기 탐색문을 가장 잘 표현하는 용어집합이 될 것이다.

홉필드 넷 알고리즘에 대해 구체적으로 살펴보면 다음과 같다.

(1) 이용자의 초기 탐색문을 초기화한다. 초기 탐색어 집합 {S1, S2, …… Sm}은 이용자에 의해 입력되며, 초기 탐색어와 일치되는 의미망상의 각 노드는 1의 가중치를 갖도록 초기화된다. 또한 이용자는 bnb 탐색에서와 같이 최대 확장 탐색어 수 (p)를 제공해야 한다.

$$\mu_i(0) = x_i, \ 0 \leq i \leq n-1$$

40

$\mu_i(t)$는 t번 반복한 후의 노드 i의 가중치이며 0과 1 사이의 값을 갖는다. 모든 초기 탐색어에 할당된 가중치는 1이다.

(2) 초기 탐색문은 활성화되어 초기 탐색어들과 연관된 이웃 노드들의 가중치가 다음 공식에 의해 산출된다. t_{ij}는 노드 i와 노드 j까지의 "접합(synaptic)" 가중치 즉, 링크 가중치를 표현한다.

$$\mu_j(t+1) = f_s\left[\sum_{i=0}^{n-1} t_{ij}\mu_i(t)\right] \quad 0 \leq j \leq n-1 \qquad \langle\text{공식 2.8}\rangle$$

위 식에서 f_s는 아래 식에서 보여지는 바와 같이 SIGMOID 변형함수이다(Knight 1990; Dalton and Deshmane 1991).

$$f_s(net_j) = \frac{1}{1 + exp\left[\dfrac{-(net_j - \theta_j)}{\theta_0}\right]} \qquad \langle\text{공식 2.9}\rangle$$

net_j는 $\sum_{i=0}^{n-1} t_{ij}\mu_i(t)$이고, θ_j는 기준치이며 θ_0는 SIGMOID 함수의 형태를 수정하는데 사용된다. 이 공식은 홉필드 넷 알고리즘의 병렬 완화적 속성을 보여 주고 있다. 각각의 반복단계에서 모든 노드는 동시에 활성화된다. 가중치 계산식인 $\sum_{i=0}^{n-1} t_{ij}\mu_j(t)$ 또한 홉필드 넷 알고리즘의 독특한 특성이다. 병렬 활성화(parallel activation)를 기반으로 새롭게 활성화된 노드의 가중치는 이웃 노드와 이웃 노드들의 접합 가중치의 합을 기반으로 하여 새롭게 산출될 수 있다.

(3) 위 과정은 두 번의 반복 과정 간에 산출되는 용어의 수에 변화가 없을 때까지 반복된다. 이것은 다음 식에 의해 확인될 수 있다.

$$\sum_{j=0}^{n-1} |\mu_j(t+1) - \mu_j(t)| \leq \epsilon \qquad \langle \text{공식 } 2.10 \rangle$$

〈공식 2.10〉에서 ε 은 허용할 수 있는 최대 오류값이다. 최종 탐색문은 초기 탐색어들에 대해 적합한 용어집합을 포함한다. 마지막으로 활성화된 노드의 수가 이용자가 기대하는 최종 탐색어의 수인 p보다 많을 경우, 이 중지 조건 알고리즘은 마지막으로 활성화된 노드들 가운데 상위의 p개의 용어를 선정할 수 있게 한다.

(4) 활성화된 노드의 수가 p보다 적으면, 시스템은 보다 많은 활성화 노드들을 발견해 내기 위해 위 과정을 반복한다.

2.3 선행 연구

정보검색 분야에서는 탐색을 수행하는 이용자에게 시스템이 풍부한 용어와 상호참조 기능을 효과적으로 제공하게 함으로써 검색성능을 높이기 위한 연구가 수행되어 왔다. 특히 1980년대 후반에 지식베이스에 대한 다양한 추론 알고리즘을 적용하는 연구가 활발히 진행되었다. 이러한 연구들은 지식베이스를 중심으로 한 연구와 알고리즘을 중심으로 한 연구로 구분하여 살펴볼 수 있다.

먼저, 지식베이스를 중심으로 한 연구는 이미 알려져 있는 지식베이스 즉, 시소러스를 개념확장에 이용하는 연구와 문헌기반 지식베이스를 개념확장에 이용하는 연구가 있다.

쇼밸(Shoval 1985)은 노드와 노드 간의 관계로 표현된 의미망에서 링크를 따라 검색을 수행하는 확장방식을 사용하고 있는 지능형 정보검색시스템을 개발하였다. 쇼밸이 개발한 이 시스템은 두 개의 구성요소로 되어 있다. 하나는 의미망으로 표현된 지식베이스이다. 이 의미망에서 노드는 단어와 구이고 링크는 이들 노드 간의 의미관계를 표현한다. 다른 하나는 규칙과 절차로서 지식베이스에 적용된다. 또한 시스템 처리과정 중 첫 번째 단계는 탐색단계로서 의미망의 적합한 지식이 활성화되고 탐색규칙과 평가규칙이 적용되어 이용자의 요구를 표현할 수 있는 적절한 어휘들을 발견한다. 두 번째 단계는 제공단계로서, 이용자의 요구에 적합한 순으로 순위가 매겨진 용어집합이 이용자에게 제공된다. 그는 전문가 시스템에 응용될 수 있는 원칙, 절차, 규칙을 제시하고 있다.

모나크와 카보넬(Monarch and Carbonell 1987)에 의해 개발된 CoalSORT는 지식베이스기반 인터페이스 시스템으로서 석탄기술 관련 서지 데이터베이스의 사용을 돕고 있다. 이 시스템은 전문가의 주제영역지식을 의미망 구조로 표현하여 지식기반 브라우저를 이용자에게 제시하는 시스템이다.

코헨과 켈더슨(Cohen and Kjeldsen 1987)에 의해 개발된 GRANT는 특정 연구계획의 지원금에 관한 자료를 탐색하기 위한 전문가 시스템이다. 이 시스템의 탐색방법은 의미망기반 조건적 확장방식이며, 이용자의 목적을 추론함으로써 이용자가 질문을 정확히 표현하지 않더라도 이용자의 요구에 적합한 문헌을 검색해 준다. GRANT 시스템은 연구주제, 연구기금 지원기관, 연구계획을 규정하고 결과를 제시하기 위한 이용자 인터페이스, 그리고 특정 연구계획에 대한 연구기금 지원기관을 탐색하기 위한 통제시스템으로 구성되어 있으며 의미망 구조로 표현되었다.

문헌에 대한 검색성능은 시소러스와 시소러스 간에 형성된 연관성 정보에 의해 향상되어질 수 있을 것이다. NLM의 UMLS(National Library of Medicine's Unified Medical Language System)는 생의학(biomedical) 관련 용어들과 각 용어 간의 관계를 이해하게 함으로써 이용자가 기계 가독형 자료로부터 정보를 검색해서 조직할 수 있도록 한 지능형 자동검색시스템이다(Humphreys and Lindberg 1989). 이 시스템은 메타시소러스, 의미망, 그리고 정보자원지도를 포함한다. 메타시소러스는 생의학 용어에 관한 정보를 포함하고 이 용어를 10개 이상의 다른 어휘로 표현하며, 각 언어별 시소러스를 포함한다. 의미망은 메타시소러스 내의 용어의 유형에 관한 정보와 이들 유형 간에 존재할 수 있는 관계들에 대한 정보를 포함한다. 또한 정보자원지도는 모든 종류의 생의학 데이터베이스에 대한 범위, 위치, 어휘, 그리고 접근조건 등에 관한 정보를 포함한다. 위와 같이 지식베이스가 의미망과 신경망구조로 구축된 시스템에서 지능형 또는 자동화된 개념확장(comcept explolation) 알고리즘이 사용되었다.

첸과 다(Chen and Dhar 1991)는 LCSH(Library of Congress Subject Headings)를 지능형 정보검색시스템에 통합 설계하였다. 이 시스템은 이용자가 자신의 질문을 명확히 작성하는 것을 돕기 위해 발견적 탐색 알고리즘을 채택했다. 그들은 METACAT에 인간의 탐색 전략과 LCSH를 서지탐색의 보조를 위해 통합시켰으며, 자동적인 시소러스 참조과정에 발견적 확장 활성화 알고리즘을 적용하였다. 그들이 채택한 지능형 온라인 목록에서 발견적 확장방식은 노드의 특성과 링크의 특성, 그리고 확장수준을 고려하고 있다. 이들은 탐색자의 탐색어와 관련 있는 가장 적합한 디스크립터를 추출하는 것을 목표로 하고 있으며, 의미망의 활성화된 경로에 특정 값 즉, 비용을 부여했다. 이 비용은 용어 간의 의미 거리를 표현하기 위해 행렬구조로 표현된다.

그전에 Rada 등(Rada et al. 1989)도 "비용"을 사용했는데, 용어 간의 개념적 거리를 표현하기 위해 "거리" 개념을 사용하지만, 이 연구에서는 노드나 링크의 특성을 고려하지 않고 용어 간의 거리를 계산하고 있다.

린치와 첸(Lynch and Chen 1994)은 대규모 텍스트 데이터베이스로부터 지식베이스를 생성하고 추론 알고리즘을 적용하여 지식베이스의 성능을 비교하는 연구를 수행했다. 의미망 구조의 지식베이스는 두 가지의 통계적 알고리즘, 클러스터 알고리즘과 코싸인 알고리즘에 의해 자동으로 구축되었다. 연구결과 통계적 알고리즘에 의해 생성된 지식베이스는 특정 주제 분야의 개념을 비교적 잘 표현해 주었으며 대규모 텍스트 데이터베이스에도 적용될 수 있는 가능성을 증명해 보였다.

이와 같이 지식베이스 내의 풍부한 용어와 상호참조 기능을 이용함으로써 검색성능을 높일 수도 있지만 이용자가 제시한 탐색어와 매우 높은 연관성을 갖는 용어를 발견하게 함으로써 검색성능을 높일 수 있다. 이를 위해 효율적인 개념확장 알고리즘을 발견하고자 하는 연구가 진행되었다.

개념확장 기법으로서 홉필드 넷이 정보검색에 처음으로 적용된 것은 첸 등(Chen et al. 1993)에 의해서이다. 홉필드 넷의 탐색 기법은 개념확장에 이상적인 기법으로 받아 들여졌다. 그들은 다양한 주제 분야 데이터베이스에 대한 시소러스들을 구축하기 위해 비대칭적인 유사도 함수를 사용하였다. 이러한 자동 시소러스들은 개념확장과 탐색문 수정을 위해 기존의 수작업 시소러스에 통합되었다.

라자라맨 등(Rajaraaman, Chen and Nidumolu 1994)은 개념확장을 사용하는 COSSAR 시스템을 개발하였다. 그들은 재사용 가능한 소프트웨어의 저장과 검색에 대한 접근방법을 제시하였는데, 접근방법은 자동색인, 클러스터 분류, 그리고 홉필드 넷 탐색과 같은 기법을 포함한다. 특히 홉필드 넷 탐색은 소프트웨어 모형내의 텍스트로부터 자동으로 내용 디스크립터를 추출하고, 그 디스크립터들과 관계들로 구성된 망을 구축하여, 의미적으로 적합한 소프트웨어 모형을 검색하기 위해 의미망을 항해할 수 있게 한다.

문헌검색의 기계학습 기법에 관한 연구에서 첸(Chen 1995)은 정보학 연구에 기여하는 새로운 기법과 방법론을 제시하였다. 그들이 개발한 GANNET(Genetic Algorithms and Neural Nets System)은 유전적 알고리즘을 사용해 문헌검색을 하는 동안 이용자가 선택한 문헌에 대해 개념최적화를 이루게 한다. 그런 다음 홉필드 넷 병렬완화절차를 통해 대규모 개념망에서 개념확장을 수행한다. 그들은 실험을 통해 GANNET은 이용자가 선택한 문헌들을 가장 잘 표현하는 용어를 발견하게 함으로써 재현율을 향상시킬 수 있다는 것을 보여 주었다.

첸과 엔지(Chen and Ng 1995)는 지식발견 모형과 개념확장

모형을 제시하였다. 지식기반 시스템의 개념확장 성능을 향상시키고 수작업 브라우징 접근방법의 한계를 극복하기 위해 그들은 대규모이면서 이종인 개념망(예를 들어, 다중시소러스)에 두 개의 개념확장 활성화 알고리즘을 적용하였다. 첫 번째 알고리즘은 상징적인 인공지능 패러다임에 기초한 알고리즘으로서 가장 적합한 용어를 발견해 내기 위해 의미망에 대해 bnb 탐색을 수행한다. 또 다른 알고리즘은 신경망 접근기법으로서, 초기 탐색문에 대한 수렴적 용어를 발견해 내기 위해 홉필드 넷 탐색을 수행하는 기법이다.

제3장 개념기반 검색모형의 실험 환경

3.1 실험 설계

3.1.1 실험의 개요

이 책에서 개발될 개념기반 정보검색시스템은 크게 두 부분으로 구성되어 있다. 검색대상이 되는 지식베이스를 의미망 구조로 구축하는 부분과 이 지식베이스를 대상으로 개념기반 정보검색을 수행하는 부분이다. 본 실험에서의 기본적인 지식베이스는 문헌 데이터베이스로부터 자동으로 구축된 문헌기반 지식베이스이다.

개념기반 검색모형의 경우 검색을 위해 먼저 개념확장이 이루어져야 하며, 개념확장 과정은 의미망 지식베이스기반에서 가장 일반적으로 사용되는 추론방법이다. 용어와 용어 간의 유사도 값을 기반으로 의미망 구조의 지식베이스가 구축되고 추론엔진을 사용하여 의미망기반 검색을 수행할 수 있게 되는데, 검색을 수행할 때 가장 중요한 것은 어느 정도까지 의미망을 항해해서 관련 문헌을 검색해 주어야 하는가이다. 이 책에서는 용어 간의 경로를 계산해서 최소한의 경로만으로 확장하는 최단 경로 알고리즘을 채택하였다.

본 실험은 크게 두 부분으로 구성되어 있으며 실험 1과 실험 2로 구분하고 있다. 실험 1에서는 의미망 구조의 지식베이스를 기반으로 하는 개념확장 알고리즘인 순차적 bnb 알고리즘, 병렬적 bnb 알고리즘, 그리고 홉필드 넷 알고리즘의 검색성능을 비교 평가하였다. 즉 각각의 알고리즘을 기반으로 개념확장을 수행하고, 확장된 용어를 가지고 정보검색을 수행한다. 세 개의 개념확장 알고리즘을 비교하기 위해서 검색된 문헌집합을 처음 입력된 질문에 대하여 적합한 문헌과 부적합한 문헌으로 구분하게 되며, 이 때 적합문헌과 부적합문헌의 판정은 처음 질문을 작성한 관련 분야 전문가 집단이 수행한다. 이 실험을 위해 사용되는 지식베이스는 문헌 데이터베이스로부터 자동으로 구축된 문헌기반 지식베이스이다. 또한 각 개념확장 알고리즘을 사용한 개념기반 검색모형의 검색성능은 다시 불논리 검색 기법의 단점을 보완하기 위해 개발된 P-norm 검색모형과 비교된다.

한편, 개념기반 검색모형이 좋은 검색결과를 보여 주기 위해서는 개념확장 대상이 되는 지식베이스가 잘 구축되어 있어야 한다. 즉 지식베이스 내의 용어 간의 의미관계가 적절하게 표현되어야만 이용자의 탐색어가 관련성 있는 용어로 확장해 나갈 수 있으며, 그 결과 검색성능은 우수하게 나타날 것이다. 실험 2는 이와 같이 개념기반 검색모형의 성능을 높일 수 있는 효율적인 지식베이스 구축방안을 제시하고자 수행되었다.

실험 2에서는 다양한 방법으로 구축한 지식베이스를 대상으로 실험 1에서 비교적 높은 성능을 보여준 개념확장 알고리즘을 적용하여 검색성능을 비교 평가하였다. 첫 번째 지식베이스는 실험 1에서 사용된 지식베이스로서 문헌으로부터 구축된 문헌기반 지식베이스이다. 두 번째 지식베이스는 전통적인 시소러스 내의 어의적 관계를 의미값으로 표현하여 구축한 지식베이스이다. 세 번째 지식베이스는 문헌기반 지식베이스와 전통적인 시소러스를 통합하여 구축한 통합형 지식베이스다. 네 번째 지식베이스는 전통적인 시소러스 내에 나타난 동의어 관계만을 문헌기반 지식베이스에 통합시킨 동의어 처리형 지식베이스이다.

3.1.2 실험의 구성요소

개념기반 검색시스템의 개념확장 알고리즘 및 지식베이스 실험을 위해 다음의 세 가지 구성요소가 필요하다. 첫째, 정기간행물 기사의 제목 및 초록에서 추출한 실험 문헌 집단이다. 둘째, 의미망 구조의 지식베이스이다. 셋째, 탐색문 및 각 탐색문에 대한 적합문헌 집단과 각 탐색문에 대한 적합문헌들을 판정할 적합성 평가자 집단이다. 각 구성요소에 대해 구체적으로 살펴보면 아래와 같다.

(1) 실험 문헌 집단

이 책의 실험 문헌 집단은 경제학 관련 정기간행물에 실린 기사로서 선정된 총 기사 건수는 1,024건이다. 실험을 위해 선정된 정기간행물명과 수록연도 및 기사 건수는 〈표 3.1〉과 같다. 실험 데이터 중 의미망의 구축 및 검색에 사용된 것은 기사명과 국문초록으로서, 각 초록은 40˜130개의 단어로 구성되어 있다.

<표 3.1> 실험 문헌 집단

정기간행물명	수록 연도	기사 건수
경제논집	1995 ~ 1999	241
재정연구	1994 ~ 1999	187
KIEP 세계경제	1998 ~ 1999	34
KIET 산업경제	1998 ~ 1999	43
경제분석	1995 ~ 1999	170
산업연구	1995 ~ 1999	45
미주경제	1997 ~ 1999	26
아주경제	1997 ~ 1999	39
대외경제정책연구	1997 ~ 1999	26
중국경제정보	1996 ~ 1999	75
경제전망	1995 ~ 1999	138
총		1,024

실험 문헌 집단의 주제 분야는 경제학 분야로서 이 분야로 제한하여 자료를 수집한 것은 의미망 구조의 지식베이스기반 검색 모형이 전체 주제 분야보다는 특정 주제 분야로 제한된 데이터베이스에 적합한 알고리즘이기 때문이다.

(2) 의미망 지식베이스

개념확장 알고리즘의 확장 대상이 되는 지식베이스는 경제학 관련 문헌 데이터베이스로부터 자동으로 구축된 의미망 구조의 지식베이스이다. 이 문헌기반 지식베이스는 실험 문헌 집단으로부터 용어 간의 관계를 통계적으로 산출하여 의미망으로 표현한 것이다.

이 책에서는 실험을 위해 총 네 개의 지식베이스가 구축되었는데, 문헌기반 지식베이스, 시소러스기반 지식베이스, 통합형 지식베이스, 그리고 동의어 처리형 지식베이스이다. 문헌기반 지식베이스는 문헌으로부터 자동으로 구축된 지식베이스로서 구축결과, 의미망을 구성하고 있는 용어의 수는 총 5,505개이며, 이들 용어를 연결할 수 있는 링크의 수는 총 15,149,760개가 된다. 그러나 용어 간의 관계를 형성하는 기준치로 0.3을 택함으로써 108,388개의 링크가 형성되었다. 링크형성의 기준치로 0.3을 택한 이유는 첫째, 모든 용어들에 대한 링크를 형성하기에는 시간이 너무 오래 걸리고, 둘째, 0.3 이하의 링크 가중치를 가지고 있는 용어들을 분석한 결과 그다지 높은 관련성을 보여 주고 있지 않았기 때문이다.

전통적인 시소러스기반 지식베이스는 한국경제신문사에서 발행한 〈경제신문 시소러스〉로부터 구축하였다(한국경제신문사 1993). 이 시소러스를 의미망으로 표현한 결과 12,686개의 노드와 23,342개의 링크가 생성되었다.

통합형 지식베이스는 전통적인 시소러스에 문헌기반 지식베이스를 통합하여 구축한 것으로서 17,465개의 노드와 131,740개의 링크가 생성되었다.

동의어 처리형 지식베이스는 전통적인 시소러스에 나타난 동의어만을 문헌기반 지식베이스에 포함시킨 지식베이스로서 총 10,992개의 노드와 114,864개의 링크가 생성되었다.

(3) 탐색문 집합 및 적합문헌 평가자 집단

개념기반 검색시스템의 개념확장 알고리즘을 객관적이고 일관성 있게 평가하기 위해 본 실험에서는 평가자 집단을 구성하였다. 개념확장 알고리즘의 검색대상이 되는 실험 문헌 집단이 경제학 분야이기 때문에 평가자 집단을 경제학을 전공한 학생으로서 석사학위과정에 있는 대학원생으로 구성하였다. 이 집단은 탐색어를 입력하여 검색된 문헌들 중 입력된 탐색문에 대하여 적합문헌을 판별해 낼 수 있는 능력을 가지고 있는 집단이라고 할 수 있다.

세 명으로 구성된 평가자 집단은 먼저, 실험 문헌 집단으로부터 각각 10개의 탐색문을 자연언어로 작성한다. 그런 다음 이 책자와 의논하여 자연언어로 된 탐색문으로부터 탐색어들을 선정하여 2~6개로 구성된 최종 탐색문을 작성한다.

이 탐색문들은 개념기반 검색모형의 검색성능을 평가하는데 사용되며 실험에 사용될 탐색문의 총 수는 30개이다. 또한, 세 개의 알고리즘에 의해 검색된 문헌들에 대한 적합성 판정은 탐색문을 작성했던 평가자 집단이 공동으로 수행하였다.

〈표 3.2〉는 평가자 집단이 작성한 자연언어 탐색문 및 자연언어 문장으로부터 추출된 탐색어들이다. 자연언어 탐색문과 탐색어로 구성된 탐색문 중 탐색어로 구성된 탐색문이 실험에 사용된다.

3.2 문헌기반 지식베이스 구축과정

이 책의 실험 1에서는 문헌기반 지식베이스를 사용하여 개념확장 알고리즘을 실험하고 있고, 실험 2에서는 실험 1의 문헌기반 지식베이스 이외에 전통적인 시소러스기반 지식베이스, 통합형 지식베이스, 그리고 동의어 처리형 지식베이스를 실험하고 있다.

네 개의 지식베이스 중 기본 지식베이스가 되는 것은 문헌기반 지식베이스로서, 실험 문헌 집단의 각 문헌에 출현한 용어를 자동으로 추출하고 추출된 용어들의 가중치를 산출한다. 또한 용어 간의 유사도를 분석하여 의미망 구조의 지식베이스를 최종적으로 구축하게 되는데 그 과정을 구체적으로 살펴보면 다음과 같다.

<표 3.2> 자연언어 탐색문 및 탐색어

탐색문 번 호	자연언어 탐색문	탐색어
1	국내경제 전망	국내, 경제, 전망
2	중남미 정치, 경제 동향	중남미, 정치, 경제
3	중국의 국유기업	중국, 국유, 기업
4	한일 기업 비교에서 나타난 자동차 산업의 구조조정 방안	한일, 자동차, 산업, 구조, 조정
5	일본의 금융기관	일본, 금융, 기관
6	미국과 일본의 국가경쟁력	미국, 일본, 국가, 경쟁력
7	벤처기업의 활성화 방안	벤처, 기업, 활성화
8	EU의 투자	EU, 투자
9	일본의 관광과 관련된 정보	일본, 관광
10	아시아의 외환위기	아시아, 외환, 위기
11	프랑스 텔레콤 자산공개	프랑스, 텔레콤, 자산, 공개
12	유럽의 통화 통합과 금융	유럽, 통화, 통합, 금융
13	독일의 노사와 고용	독일, 고용, 노사
14	러시아의 국영기업의 민영화	러시아, 국영, 기업, 민영화
15	유엔 중남미 경제위의 보고서	유엔, 중남미, 경제위
16	브라질의 금융위기 동향	브라질, 금융, 위기
17	세계은행의 브라질 경제 동향 보고서	세계, 은행, 브라질, 경제
18	중남미의 정치, 경제에 대한 동향 분석	중남미, 정치, 경제
19	MERCOSUR의 경제현황 및 전망	MERCOSUR, 경제, 현황, 전망
20	중국 반환 후의 홍콩경제	중국, 반환, 홍콩, 경제

탐색문 번 호	자연언어 탐색문	탐색어
21	인도네시아의 금융개혁과 정치 동향	인도네시아, 금융, 개혁, 정치
22	외환위기국의 채무불이행	외환, 위기, 채무, 불이행
23	캄보디아의 ASEAN 가입	캄보디아, ASEAN
24	중국의 환율정책 변화와 위안화 평가절하	중국, 환율, 정책, 위안화, 평가절하
25	베트남의 최근 경제 금융개혁 및 외국인투자 동향	베트남, 경제, 개혁, 금융, 외국인, 투자
26	동남아 국가의 금융 및 구조조정	동남아, 금융, 구조, 조정
27	APEC 전자상거래 논의 동향과 한국의 대응	APEC, 전자상거래, 한국
28	코소보 사태가 유럽경제에 미치는 영향과 전망	코소보, 사태, 유럽, 경제
29	외국인 직접투자의 촉진 및 해외직접투자의 효율화	외국인, 직접, 투자, 해외
30	유로화의 출범이 세계경제에 미치는 영향	유로화, 출범, 세계, 경제

(1) 용어 추출

지식베이스 구축을 위한 용어 추출 및 용어의 가중치 산출방법으로 통계적 기법을 사용하였다. 이 용어는 형태소 분석기를 거쳐 자동색인 방법에 의해 추출된다.

한국어 형태소 분석기를 거쳐 추출된 용어들은 불용어, 관사, 조사 등이 제거된 단일 명사 및 명사구이다. 이 용어들은 출현빈도에 따라 가중치를 갖게 되는데 각 용어의 가중치 산출 공식은 2

장의 〈공식 2.3〉이다. 이 공식은 용어의 문헌 내 출현빈도 및 데이터베이스 내 출현빈도를 동시에 고려한 가중치 산출 공식이다.

(2) 용어 간의 유사도 산출

용어 추출 과정에서 발견된 용어들을 의미망으로 표현하기 위해서는 용어 간의 유사도를 측정해야 한다. 용어 간의 유사도를 측정하는 공식으로 이 책에서는 일반적으로 사용되고 있는 〈공식 2.5〉의 코싸인 유사계수 공식을 이용하고 있다. 코싸인 유사계수 공식은 각각의 색인어와 다른 모든 색인어들과의 동시출현빈도를 기반으로 용어 간의 유사도 값을 산출한다. 이 유사도 값은 0에서 1 사이의 값을 갖는다.

(3) 의미망 구축

이 책에서는 용어의 추출 및 용어 간의 유사도 산출과정을 거친 용어를 기반으로 의미망 구조의 지식베이스를 구축하였다.
의미망 구조의 지식베이스가 구축될 때, 용어 간의 링크 가중치가 0.3 미만인 용어들에 대하여는 연결링크를 생성하지 않았는데 그 이유는 0.3 미만의 링크 가중치를 갖는 용어로 개념확장이 이루어질 경우 검색성능이 낮아질 것으로 판단되었기 때문이다.

3.3 개념기반 정보검색과정

　개념기반 정보검색은 개념확장 알고리즘에 의해 지식베이스로부터 확장된 용어들을 탐색어로 추가하여 문헌 데이터베이스에 대하여 검색을 수행하는 과정이다. 이 책에서는 확장된 최종 탐색문에 의해 검색된 문헌들에 순위를 부여하기 위해 탐색문과 문헌과의 유사도를 산출하였으며, 유사도 산출에 사용된 공식은 아래의 코싸인 유사계수이다.

$$W'(D_i, Q_j) - \frac{\sum_{i=1}^{t} t_{ik} \times q_{jk}}{\sqrt{\sum_{i=1}^{t} (t_{ik})^2 \times \sum_{i=1}^{t} (q_{jk})^2}} \qquad \langle 공식\ 3.1 \rangle$$

　〈공식 3.1〉은 문헌 i와 질문 j 간의 유사도를 측정하는 공식이다. t_{ik}는 문헌 i내의 용어 k의 가중치를 나타내며($0 \leq d_{ij} \leq 1$), q_{jk}는 질문 j내의 용어 k의 가중치를 나타낸다. 매칭함수에 의해 산출된 유사도순으로 검색된 결과가 순위화되어 이용자에게 제공된다. 개념확장 알고리즘에 의한 검색과정을 순서도로 표현하면 〈그림 3.1〉과 같다.

　세 개의 개념확장 알고리즘에 의해 확장된 최종 탐색문을 가지고 검색을 수행할 때, 이들 모두 동일한 매칭함수를 사용하고 있지만 검색된 문헌이나 문헌의 순위는 각각 다를 것이다. 이와 같이 최종 검색문헌 및 순위가 다른 것은 개념확장 알고리즘들

에 의해 확장된 용어가 다르고 각 용어가 가지는 가중치에 있어
차이를 보이기 때문이다.

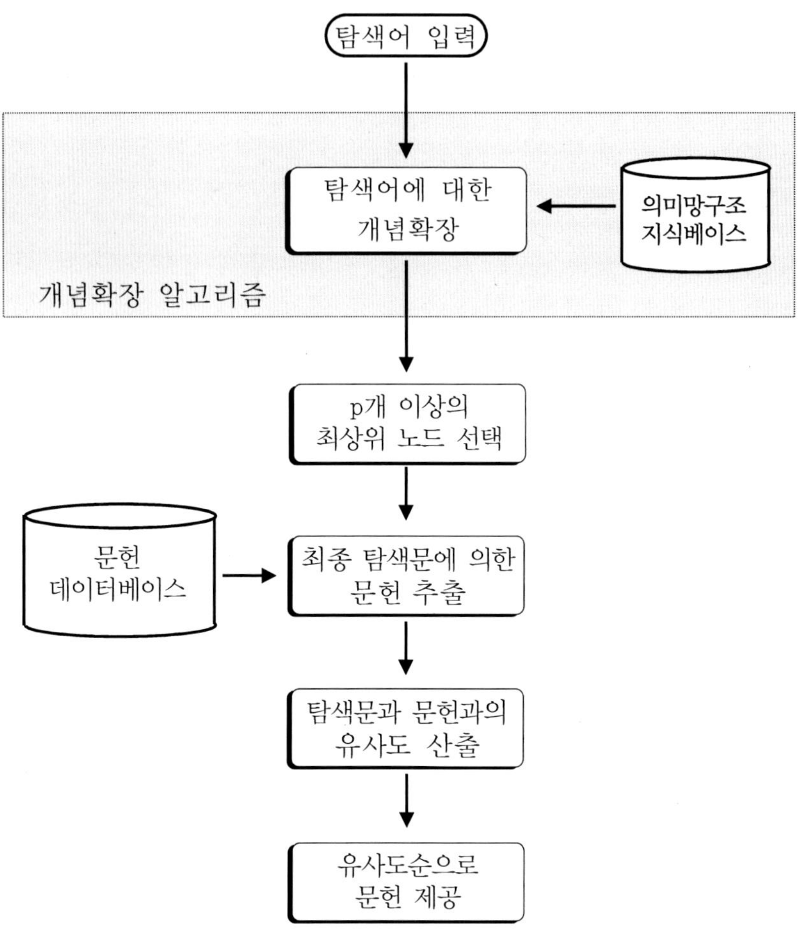

<그림 3.1> 개념기반 정보검색과정

실험결과 검색된 문헌의 수는 1건에서 40건까지 다양하였으며
문헌의 가중치 또한 0.1에서 1까지 다양하였다. 이에 이 책에서

는 개념확장 알고리즘들을 적절하게 평가하기 위해 검색된 결과를 10위, 20위, 그리고 30위까지로 구분하고 각 순위까지의 재현율 및 정확률을 평가하였다.

3.4 실험대상 개념확장 알고리즘

3.4.1 순차적 bnb 알고리즘

순차적 bnb 알고리즘은 개념확장 대상 지식베이스가 의미망 구조이며 개념확장이 순차적으로 발생한다. 즉, 1차 개념확장 후 확장된 용어들을 가중치순으로 정렬한 다음 가장 높은 순위의 용어와 관련된 용어로 확장을 하며, 2차 개념확장 후 다시 정렬을 한 다음 가장 높은 순위의 용어로 개념확장을 수행하는 과정을 반복한다.

순차적 bnb 알고리즘에 의해 개념확장을 할 때, 이용자로부터 탐색어를 입력받고 그 탐색어에 대한 개념확장이 이루어지기 전에 개념확장이 중지되는 조건이 결정되어야 한다. 이용자는 개념확장 중지 조건으로 최대 확장용어의 수(p)와 확장될 용어의 최저 가중치(W_p)를 다양하게 조합하여 제공할 수 있다. 이 책에서는 p 값을 1에서 20까지, W_p 값을 0.1에서 1.0까지 조정할 수 있도록 하였다. 개념확장 조건이 확정된 후에 초기 탐색어에 대한 확장이 이루어지게 되는데 그 과정을 순서도로 표현하면 〈그림 3.2〉와 같다.

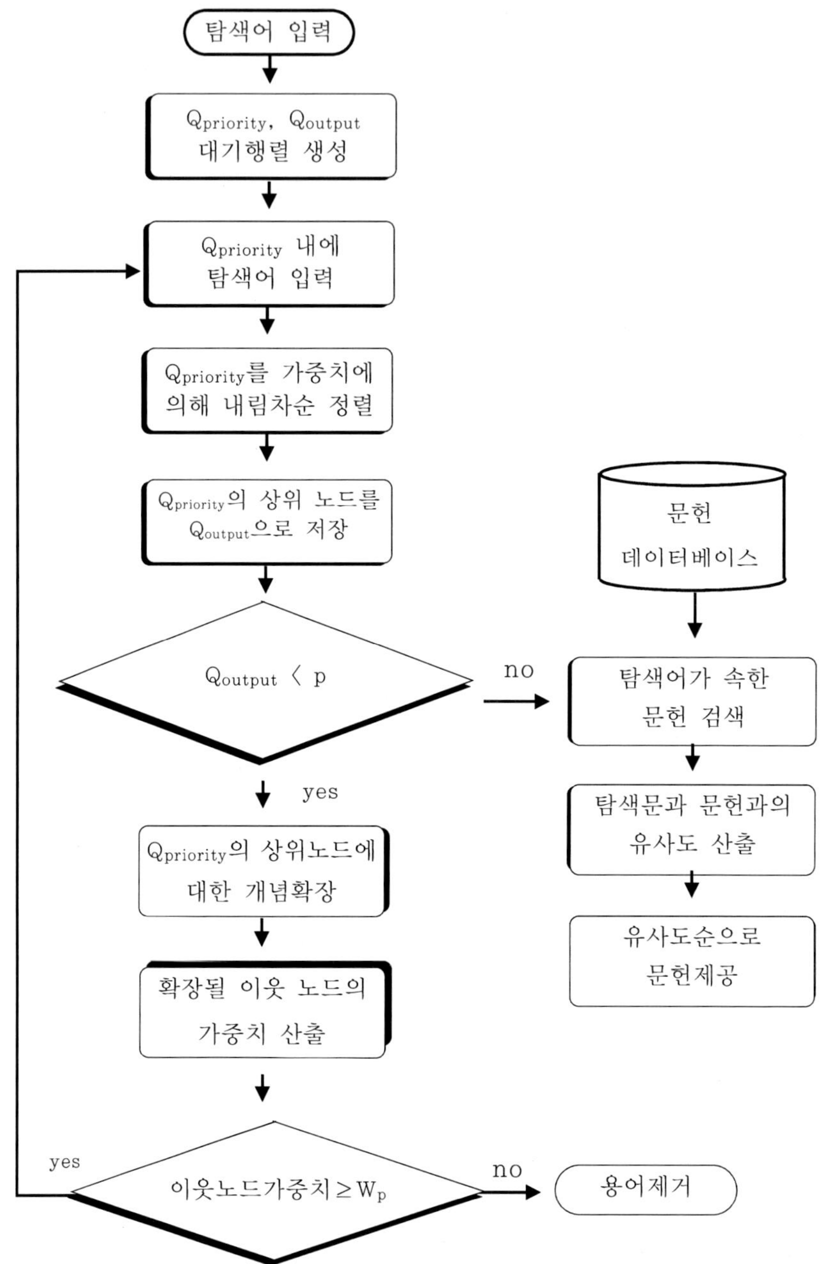

<그림 3.2> 순차적 bnb 알고리즘을 이용한 개념확장 순서도

p 값이 10이고 W_p 값이 0.4인 조건에서 개념확장이 진행된다고 할 때, 초기 탐색어의 가중치는 모두 1이 된다. 탐색어 확장이 이루어질 때 확장된 탐색어의 가중치는 〈공식 2.7〉에 의해 산출된다.

초기 탐색문이 입력되면 $Q_{priority}$와 Q_{output}이 생성된다. 예를 들어 초기 탐색어가 a, b, c라면 $Q_{priority}$는 다음과 같다.

$$Q_{priority} = \{a(1),\ b(1),\ c(1)\}$$

위 행렬에서 괄호 안의 숫자는 각 탐색어의 가중치가 되며, 여기에서 초기 탐색어 a, b, c는 모두 1의 가중치를 갖는다. 이 탐색어에 대한 의미망이 〈그림 3.3〉과 같이 형성되어 있다고 하자.

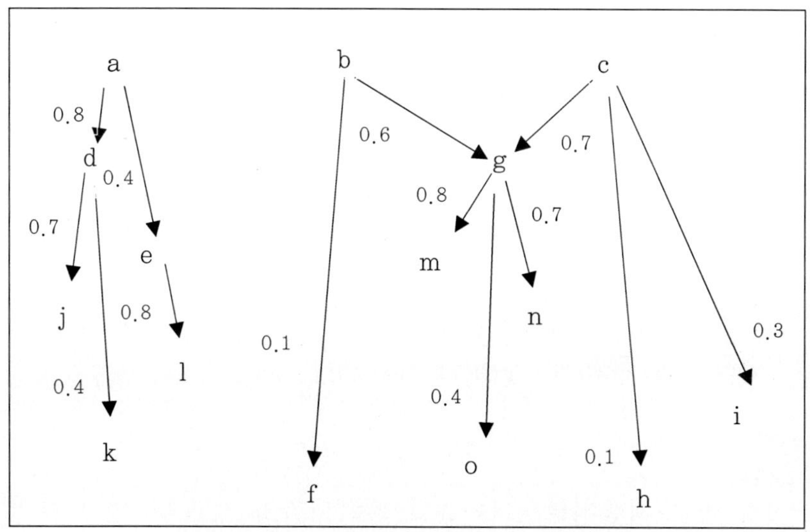

<그림 3.3> 의미망 구조의 지식베이스

62

초기 탐색어는 모두 동일한 가중치를 가지므로 모두 Q_{output} 대기행렬로 이동한다. Q_{output}의 모든 탐색어에 대한 확장이 이루어지고 각 확장된 탐색어에 대한 가중치가 〈공식 2.7〉에 의해 다음과 같이 산출된다.

$$d = 1 \times 0.8 = 0.8$$
$$e = 1 \times 0.4 = 0.4$$
$$f = 1 \times 0.1 = 0.1$$
$$g = \max(1 \times 0.6, 1 \times 0.7) = 0.7$$
$$h = 1 \times 0.1 = 0.1$$
$$i = 1 \times 0.3 = 0.3$$

위에서 용어 f, h, i는 초기 탐색어와 링크에 의해 연결되어 있지만 기준치보다 낮기 때문에 확장용어에 포함되지 않는다. 특히, 용어 g는 두 개의 초기 탐색어에 의해 참조되어지고 있는 것을 알 수 있다. 이 책에서는 이 경우에 두 값 중 최고값을 취하였다. 따라서 확장된 용어 d, g, e는 $Q_{priority}$에 저장된다. 이 $Q_{priority}$가 가중치의 내림차순으로 정렬되면 아래와 같다.

$$Q_{priority} = \{d(0.8),\ g(0.7),\ e(0.4)\}$$

가장 높은 가중치를 갖는 용어 d에 대하여 개념확장이 이루어져 j, k의 가중치가 산출된다.

$$j = 0.8 \times 0.7 = 0.56$$
$$k = 0.8 \times 0.4 = 0.32$$

새로 발견된 탐색어 중 0.4보다 높은 가중치를 갖는 용어는 j 뿐이며, 이 용어는 $Q_{priority}$에 입력되어 다음과 같이 다시 내림차 순으로 생성된다. $Q_{priority}$와 Q_{output}는 각각 다음과 같이 수정된 다.

$$Q_{priority} = \{g(0.7),\ j(0.56),\ e(0.4)\}$$
$$Q_{output} = \{a(1),\ b(1),\ c(1),\ d(0.8)\}$$

위의 과정을 반복한 후에 확장 조건을 모두 만족하면 즉, 확 장된 용어의 수가 10개 이하이고 탐색어의 가중치가 모두 0.4 이상인 경우에 탐색어 확장모형은 진행을 멈추게 된다. 그런 다 음 10개 이하의 탐색어로 이루어진 탐색문에 대한 문헌검색 과 정이 수행된다.

3.4.2 병렬적 bnb 알고리즘

병렬적 bnb 알고리즘은 순차적 bnb 알고리즘과 마찬가지로 의미망 구조의 문헌기반 지식베이스를 대상으로 하여 용어를 확 장해 가는 모형이다. 그러나 순차적 bnb 알고리즘은 개념확장을 함에 있어 이용자가 입력한 초기 탐색어와의 의미 거리를 계산 하여 가장 가까운 거리의 노드로 먼저 확장을 하고 다시 다음으 로 가까운 거리의 노드로 확장을 해 나가는 방식을 택하고 있는 반면에, 병렬적 bnb 알고리즘은 이용자가 입력한 모든 탐색어에 대한 1차 개념확장이 이루어지고, 확장된 용어 전체에 대하여 2차 개념확장이 이루어진다.

병렬적 bnb 알고리즘의 이용자 인터페이스와 문헌검색 과정은 순차적 bnb 알고리즘과 유사하나, 개념확장 과정은 순차적 bnb 알고리즘과 약간의 차이를 보이고 있는데 개념확장 과정을 구체적으로 살펴보면 다음과 같다.

먼저, 이용자로부터 초기 탐색어에 대한 개념확장이 중지되는 조건을 입력받는다. 중지 조건은 개념확장 조건이며 조건 변수는 최대 확장용어의 수와 확장될 용어의 최저 가중치이다. 개념확장 조건을 바탕으로 초기 탐색어에 대한 개념확장이 이루어지는 과정을 순서도로 표현하면 〈그림 3.4〉와 같다.

〈그림 3.3〉의 의미망을 기반으로 개념확장이 진행된다고 할 때, 순차적 bnb 알고리즘에서와 같이 초기 탐색어의 가중치는 모두 1이다. 개념확장에서 확장된 탐색어에 대한 가중치는 〈공식 2.7〉에 의해 산출되며, 초기 탐색문이 입력되면 $Q_{priority}$와 Q_{output}이 생성된다. 초기 탐색어가 a, b, c라면 $Q_{priority}$는 다음과 같다.

$$Q_{priority} = \{a(1),\ b(1),\ c(1)\}$$

확장 조건으로 p 값이 10이고 W_p 값이 0.4라고 할 때, 병렬적 bnb 알고리즘은 전체 탐색어에 대하여 동시에 개념확장을 하게 되며, 확장된 각 용어에 대한 가중치는 순차적 bnb 알고리즘에서와 마찬가지로 아래와 같이 산출된다.

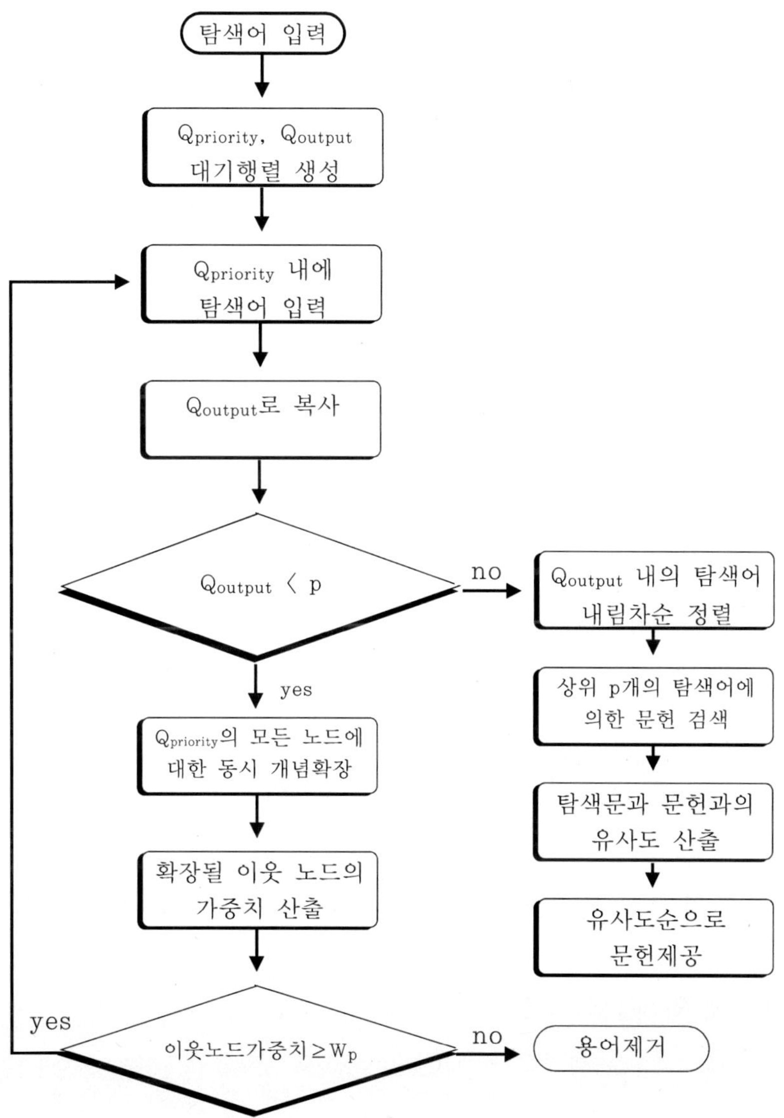

<그림 3.4> 병렬적 bnb 알고리즘을 이용한 개념확장 순서도

$$d = 1 \times 0.8 = 0.8$$
$$e = 1 \times 0.4 = 0.4$$
$$f = 1 \times 0.1 = 0.1$$
$$g = \max\left(1 \times 0.6, 1 \times 0.7\right) = 0.7$$
$$h = 1 \times 0.1 = 0.1$$
$$i = 1 \times 0.3 = 0.3$$

위의 용어 중에서 용어 f, h, i는 이용자가 제시한 확장용어 최저 가중치보다 낮은 가중치를 가지고 있기 때문에 확장용어 중에서 제거되고, 나머지 용어만 $Q_{priority}$에 저장된다. 용어 g의 경우 두 개의 초기 탐색어에 의해 참조되고 있으며 이 경우 두 값 중 높은 값을 취하였다. 1차 개념확장 후의 $Q_{priority}$와 Q_{output}의 행렬은 아래와 같다.

$$Q_{priority} = \{d(0.8),\ e(0.4),\ g(0.7)\}$$
$$Q_{output} = \{a(1),\ b(1),\ c(1)\}$$

순차적 bnb 알고리즘과 달리 1차로 확장된 모든 용어 즉, d, c, g에 대하여 2차 개념확장이 병렬적으로 이루어진다. 2차로 확장된 용어들의 가중치는 아래와 같다.

$$j = 0.8 \times 0.7 = 0.56$$
$$k = 0.8 \times 0.4 = 0.32$$
$$l = 0.4 \times 0.8 = 0.32$$
$$m = 0.7 \times 0.8 = 0.56$$
$$n = 0.7 \times 0.7 = 0.49$$
$$o = 0.7 \times 0.4 = 0.28$$

2차로 발견된 용어는 모두 6개로서, 이 용어들 중에서 0.4보다 높은 가중치를 갖는 j, m, n 용어만 $Q_{priority}$에 입력된다. 2차 개념 확장을 끝낸 후의 $Q_{priority}$와 Q_{output}는 각각 다음과 같이 수정된다.

$$Q_{priority} = \{j(0.56),\ m(0.56),\ n(0.49)\}$$
$$Q_{output} = \{a(1),\ b(1),\ c(1),\ d(0.8),\ e(0.4),\ g(0.7)\}$$

위의 과정은 새로 확장될 용어들이 모두 0.4 이하의 가중치를 가지거나 이용자가 요구한 최대 확장용어의 수를 만족할 때 멈추게 된다. 병렬적 bnb 알고리즘은 순차적 bnb 알고리즘과 달리 개념확장이 병렬적으로 발생하기 때문에 반복적인 개념확장 후에 Q_{output}이 10개 이상인 경우가 발생한다. 이 경우 Q_{output}을 내림차순으로 정렬한 다음 상위 10개의 용어만을 최종 탐색어로 이용자에게 제공한다.

3.4.3 홉필드 넷 알고리즘

홉필드 넷 알고리즘의 개념확장은 병렬적 bnb 알고리즘과 같이 병렬적으로 이루어진다. 홉필드 넷 알고리즘에서도 이용자가 최대 확장용어의 수와 확장용어의 최저 가중치를 제시하도록 하였다.

탐색어가 시스템에 입력된 후 탐색어에 대한 개념확장이 진행되며, 그 과정을 순서도로 표현하면 〈그림 3.5〉와 같다. 그림에서 조건 ①은 $Q_{history} < 10$이고 조건 ②는 $\sum_{j=0}^{n-1} |\mu(t+1) - \mu(t)| \leq \varepsilon$ 로서, 여기에서 ε 의 값은 1이다.

bnb 알고리즘에서와 마찬가지로 초기 탐색어의 가중치는 모두 1이 된다. 초기 탐색어로부터 확장될 용어의 가중치는 〈공식 2.9〉에 의해 산출된다.

〈공식 2.9〉에서 θ_j는 1.1, θ_o는 0.5로 하였다. 보통보다 많은 확장 탐색어를 원하는 경우 θ_j와 θ_o의 값을 낮추는 것이 바람직하고 이 값들은 구축되는 지식베이스에 따라 적절하게 부여되어야 할 것이다. θ_j와 θ_o의 값은 실험적으로 결정될 수 있는데 본 실험에서는 이 변수들의 적절한 값을 얻기 위해 θ_j에 0.1에서 2까지의 값을 0.1 간격으로 시스템에 입력하여, 가장 높은 검색 성능을 보이는 값인 1.1을 선택하였다. 또한 θ_o의 값도 마찬가지로 0.1에서 1까지의 사이 값을 0.05 간격으로 입력하여 최적의 값을 선택하였다.

초기 탐색문은 $Q_{priority}$에 저장되고 $Q_{history}$ 대기행렬이 생성된다. 최초의 $Q_{priority}$와 $Q_{history}$는 다음과 같다.

$$Q_{priority} = \{a(1),\ b(1),\ c(1)\}$$
$$Q_{output} = \{\ \}$$

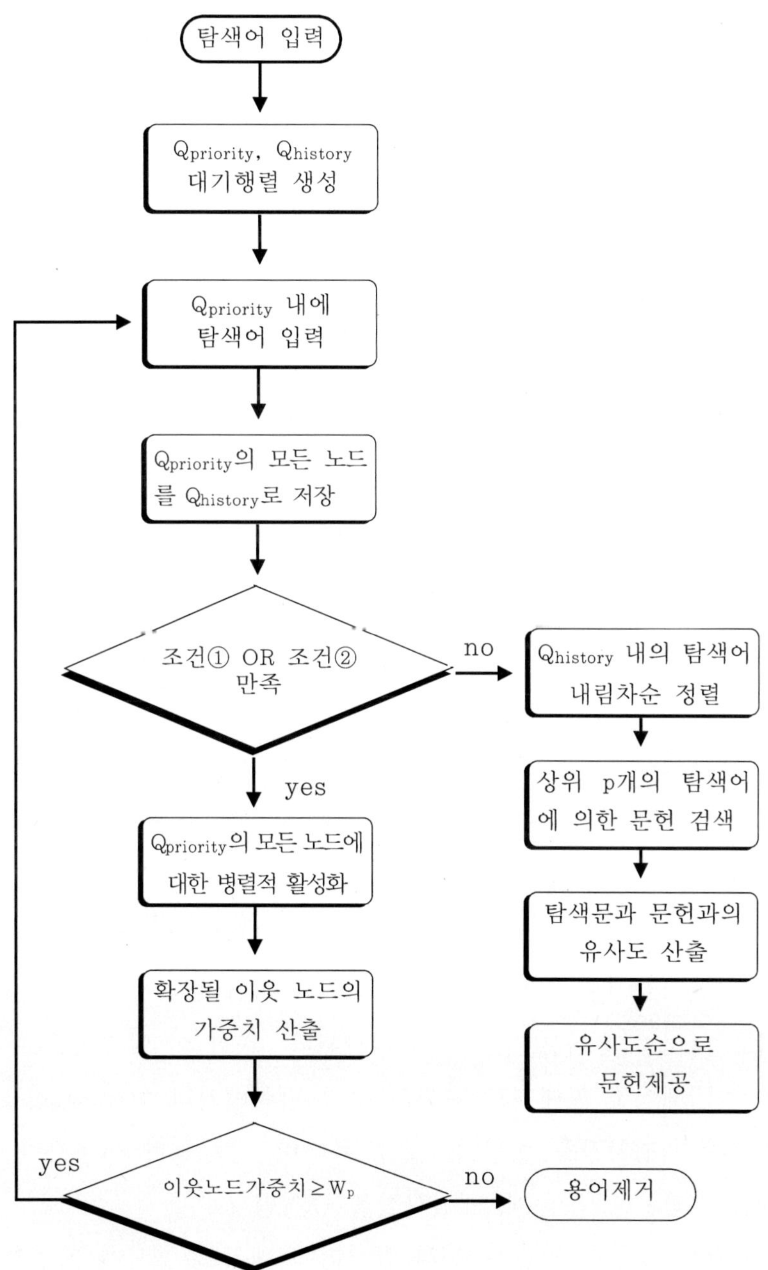

<그림 3.5> 홉필드 넷 알고리즘을 이용한 개념확장 순서도

홉필드 넷 알고리즘의 개념확장 대상이 되는 지식베이스가 다음과 같이 의미망 구조로 표현되어 있다고 하자.

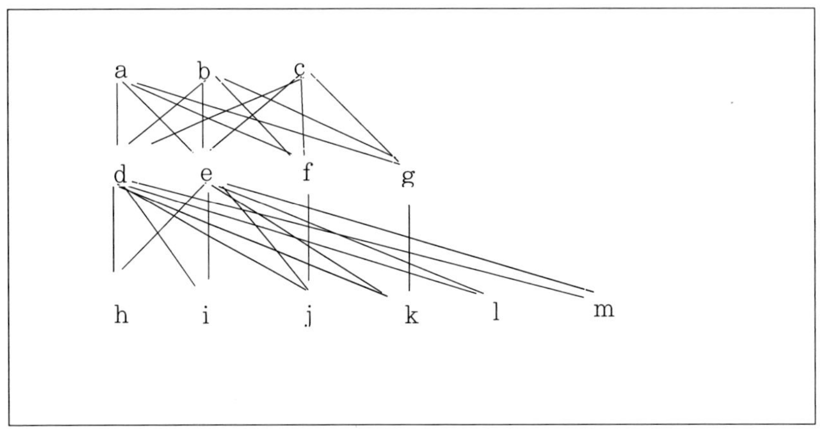

초기 탐색어는 a, b, c이고 최대 확장용어의 수는 10이며, 확장될 용어의 최저 가중치가 0.4인 조건에서 개념확장이 진행된다고 하자.

위의 의미망에 대하여 초기 탐색어들을 기반으로 확장된 용어는 d, e, f, g가 되며 초기 탐색어는 $Q_{history}$로 이동한다.

$\sum_{j=0}^{n-1} |\mu(t+1) - \mu(t)|$ 이 1보다 큰 경우는 개념확장이 멈춘다. 또한 확장된 용어의 가중치가 0.4 미만인 확장용어는 제거되고 나머지 용어만 $Q_{priority}$에 저장된다. 또한 이 알고리즘은 이용자가 제시한 최대 확장용어의 수를 만족시키기 위해 $Q_{priority}$에 대하여 개념확장을 병렬적으로 반복하며, $Q_{history}$가 이용자가 제시한 조건을 만족할 때 개념확장을 중지한다.

홉필드 넷 알고리즘은 전체 탐색어에 대하여 동시에 개념확장을 하게 되며, 확장된 각 용어에 대한 가중치가 산출된다. 두 용어 간의 유사도 값이 다음과 같을 때 확장될 용어에 대한 가중치, $\mu_j(t+1)$는 아래와 같이 산출할 수 있다.

(용어, 용어) = 유사도 값
$(a, b) = 0.8$, $(b, d) = 0.7$, $(c, d) = 0.2$
$(a, e) = 0.4$, $(b, e) = 0.6$, $(c, e) = 0.3$
$(a, f) = 0.7$, $(b, f) = 0.1$, $(c, f) = 0.1$
$(a, g) = 0.1$, $(b, g) = 0.3$, $(c, g) = 0.2$

$\mu_j(t+1)$	net_j
$d = 0.7686$	(0.3012)
$e = 0.5249$	(0.9048)
$f = 0.4675$	(1.1388)
$g = 0.2689$	(2.7182)

1차 확장을 수행한 후에 저장될 수 있는 용어는 d, e, f가 되며 g는 제거된다. 또한 더 이상의 확장을 수행할지를 결정하기 위해 $\sum_{j=0}^{n-1}|\mu(t+1) - \mu(t)|$가 1보다 큰지를 체크한다. 이와 같은 방식으로 다음 단계의 개념확장을 반복해 나간다.

제4장 개념기반 검색 실험 및 실험결과 분석

4.1 실험결과의 평가 척도

본 실험은 크게 두 부분으로 구성되어 있으며 실험 1과 실험 2로 구분하였다. 실험 1에서는 순차적 bnb 알고리즘, 병렬적 bnb 알고리즘, 그리고 홉필드 넷 알고리즘 등 세 개의 개념확장 알고리즘을 비교하고 P-norm 검색모형과도 검색성능을 비교하였다.

실험 2에서는 실험 1에서 비교적 높은 검색성능을 보여준 개념확장 알고리즘을 지식베이스를 개선하였을 때 어느 정도 검색성능이 향상되는지를 실험하였다. 즉, 실험 1에서 검색효율이 가장 우수한 것으로 판단되는 알고리즘을 실험 2에서 구축된 네 개의 지식베이스에 적용하여 검색효율을 실험하였다. 실험 1과 실험 2에서 사용한 평가 척도는 재현율과 정확률, 그리고 개념확장 시간이다.

재현율과 정확률 공식은 다음과 같으며 탐색문 30개에 대한 각 효율의 평균인 평균재현율과 평균정확률을 구하였다.

$$재현율 = \frac{검색된\ 적합문헌\ 수}{적합문헌\ 총수} \qquad 〈공식\ 4.1〉$$

$$정확율 = \frac{검색된\ 적합문헌\ 수}{검색된\ 문헌\ 총수} \qquad 〈공식\ 4.2〉$$

본 실험에서는 30개의 탐색문을 작성하여 시스템의 성능을 평가하는데, 이를 위해 30개의 탐색문 각각에 대한 적합문헌의 수를 구했으며 〈공식 4.1〉의 적합문헌 총수에 대입하여 재현율을 구하였다.

본 실험에서는 재현율과 정확률 이외에 표준재현율 기준시의 정확률을 구하여 시스템의 성능을 평가하였다. 이 평가기준은 절단기법(cuttoff techniques)의 일종으로, 평균 성능곡선을 그리기 위해 여러 개의 점에서 평균을 구하는 과정을 수반하고 있다. 아울러, 표준재현율에 해당하는 정확률을 구해야 하는데, 실제 검색 실험결과에서 이에 해당하는 정확률을 찾을 수 없는 경우에는 보간법(interpolation)을 이용하여 정확률을 산출하였다.

본 실험에서는 또한 개념확장 방식이 병렬적이냐 순차적이냐에 따라 차이가 있을 것으로 보고 알고리즘별 개념확장 시간을 비교하였다. 개념확장 알고리즘의 개념확장 시간은 초기 탐색어로부터 이용자가 요구한 조건을 만족할 때까지 개념을 확장하는 데 걸리는 시간을 말한다.

4.2 개념확장 알고리즘의 성능 비교

4.2.1 검색 조건의 변화에 따른 성능 분석

본 실험에서는 검색 조건을 〈표 4.1〉에서 보는 바와 같이 최대 확장용어의 수와 확장될 용어의 최저 가중치를 다양하게 조합하여 12가지 조건에서 검색실험을 수행하였다. 즉 최대 확장용어의 수(p)를 8개, 12개, 16개로 변화시키고 확장될 용어의 최저 가중치(W_p)를 0.2, 0.3, 0.4, 0.5로 변화시켜 가면서 검색결과가 어떻게 달라지는지를 실험하였다. 또한 검색문헌 수를 10건, 20건, 그리고 30건으로 하였을 때의 재현율과 정확률을 평가하였다.

〈표 4.1〉은 탐색문 30개에 대하여 수행된 개념기반 검색결과 중 상위 10건까지의 재현율 및 정확률의 평균이다. 〈그림 4.1〉은 〈표 4.1〉을 기초로 하여 세 알고리즘에 대한 재현율을 비교한 것이고, 〈그림 4.2〉는 동일한 기준에서 정확률을 비교한 것이다.

〈표 4.1〉에서 보듯이 세 알고리즘 간에는 큰 성능 차이가 발생하지 않는 것을 알 수 있다. 그러나 홉필드 넷 알고리즘은 확장용어 가중치가 0.4 미만인 조건에서는 다른 알고리즘보다 검색효율이 좋은 것으로 나타났으며 확장용어 가중치가 0.4 이상인 조건에서는 세 알고리즘의 검색성능이 거의 비슷해지는 것을 알 수 있다. bnb 알고리즘은 확장용어 가중치가 0.4 이상인 조건에서 검색성능이 높아지며 병렬적 bnb 알고리즘이 순차적 bnb 알고리즘보다 재현율과 정확률에 있어 약간 더 높게 나타났다.

순차적 bnb 알고리즘의 두드러진 특징은 많은 확장용어 수와 낮은 확장용어 가중치에서 특히 낮은 성능을 보여 주고 확장용어 수를 적절히 줄이고 확장용어 가중치를 높임으로써 검색성능이 높아진다는 것이다. 확장용어 수와 확장용어 가중치가 각각 16개와 0.2, 그리고 16개와 0.3인 조건에서 매우 낮은 검색효율을 보이고 있다. 예를 들어, 확장용어 수를 16개로 하고 확장용어 가중치를 0.2로 하였을 경우 재현율과 정확률은 각각 0.5174,

0.4767로 동일 확장용어 가중치에서 확장용어 수를 8개로 하였을 경우보다 약 10%씩 성능이 낮아지는 것으로 나타났다.

<표 4.1> 개념확장 알고리즘의 확장조건별 검색효율
비교(검색결과 10건)

성능 확장 조건	재 현 율			정 확 률		
	순차적 bnb	병렬적 bnb	홉필드 넷	순차적 bnb	병렬적 bnb	홉필드 넷
8/0.2	0.5696	0.5555	0.5797	0.5267	0.5033	0.5267
12/0.2	0.5552	0.5278	0.5735	0.5067	0.4800	0.5167
16/0.2	0.5174	0.5109	0.5374	0.4767	0.4633	0.4900
8/0.3	0.5696	0.5521	0.5820	0.5267	0.5000	0.5300
12/0.3	0.5552	0.5278	0.5597	0.5067	0.4800	0.5167
16/0.3	0.5119	0.5143	0.5495	0.4733	0.4667	0.5033
8/0.4	0.5580	0.5730	0.5576	0.5167	0.5267	0.5067
12/0.4	0.5330	0.5424	0.5517	0.4967	0.5033	0.4967
16/0.4	0.5227	0.5377	0.5478	0.4900	0.5000	0.4900
8/0.5	0.5751	0.5731	0.5685	0.5133	0.5133	0.4933
12/0.5	0.5655	0.5655	0.5685	0.5067	0.5067	0.4933
16/0.5	0.5655	0.5655	0.5685	0.5067	0.5067	0.4933
평 균	0.5499	0.5455	0.5620	0.5039	0.4958	0.5047

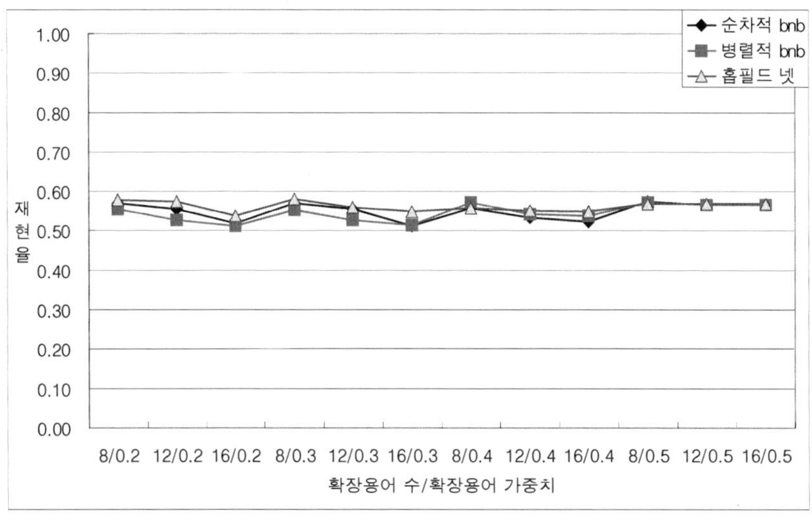

<그림 4.1> 개념확장 알고리즘의 재현율 비교(검색결과 10건)

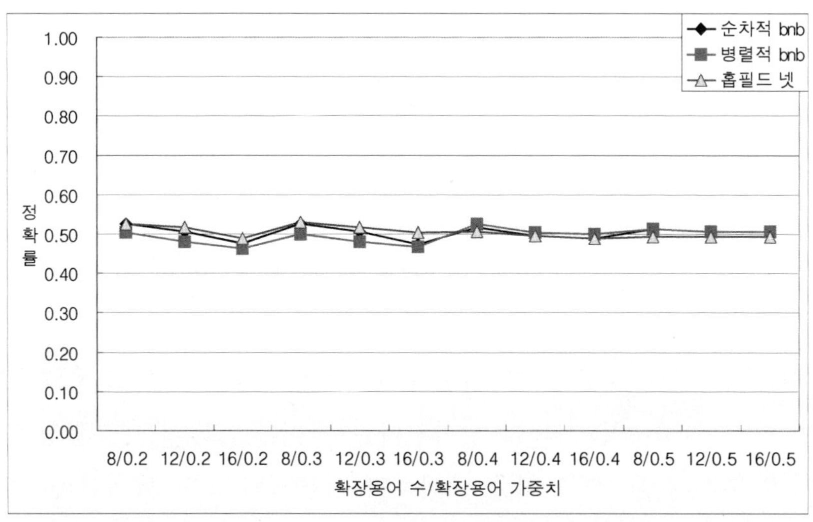

<그림 4.2> 개념확장 알고리즘의 정확률 비교(검색결과 10건)

병렬적 bnb 알고리즘도 전체적으로 확장용어 수가 적을 때 검색성능이 높게 나타난다. 확장용어 가중치를 0.4로 한 경우 확장용어 수가 8개일 때가 12개나 16개일 때보다 재현율이 각각 5.6%, 6.6% 높게 나타났다. 그리고 확장용어 가중치가 높을 때가 낮을 때보다 비교적 검색성능이 높은 것으로 나타났다. 또한 병렬적 bnb 알고리즘은 순차적 bnb 알고리즘과 마찬가지로 확장용어 수가 많고 확장용어 가중치가 낮을 때 낮은 검색효율을 보여 주고 있는 것을 알 수 있다. 즉, 확장용어 수와 확장용어 가중치가 각각 16개와 0.2, 16개와 0.3인 지점에서 검색성능이 매우 낮다.

홉필드 넷 알고리즘은 확장용어 수를 적게 할 때가 많게 할 때보다 검색성능이 높으며 확장용어 가중치가 높을 때보다 낮을 때가 검색성능이 더 높게 나타났다. 즉, 확장용어 수가 8개인 조건에서 확장용어 가중치가 0.3인 경우와 0.4인 경우를 비교해 보면, 확장용어 가중치가 0.3인 경우가 0.4인 경우보다 약 4.3% 정도 높다는 것을 알 수 있다. 반면에 확장용어 가중치가 0.5 이상이 되면 재현율과 정확률이 각각 0.5685, 0.4933으로 확장용어 수를 변화시켜도 검색성능에 차이가 발생하지 않았다.

세 알고리즘의 공통적인 특징은 확장용어 가중치가 낮을 경우 최대 확장용어 수를 적게 하였을 때 높은 성능을 보이고 확장용어 수를 늘릴수록 성능이 낮아진다는 점이다. 그 이유는 확장용어의 수가 적을 경우 최종 탐색문이 이용자의 초기 탐색어와 높은 유사도를 갖는 용어로 구성될 수 있으나 확장용어 수를 늘릴 경우 이용자의 초기 탐색어와 낮은 유사도를 갖는 용어까지 포함할 수 있기 때문이다. 예를 들어 순차적 bnb 알고리즘의 경우

0.4의 동일한 확장용어 가중치에서 확장용어 수를 8개로 하였을 때는 재현율과 정확률이 각각 0.5580과 0.5167로 확장용어 수를 12개로 늘렸을 때에 비해 재현율과 정확률이 각각 4%씩 높게 나타났다.

〈표 4.2〉는 개념기반 검색결과 중 상위 20건까지의 재현율 및 정확률의 평균이고 〈그림 4.3〉은 〈표 4.2〉를 기초로 하여 세 알고리즘에 대한 재현율을 비교한 것이며 〈그림 4.4〉는 동일한 기준에서 정확률을 비교한 것이다.

〈표 4.2〉에서 보듯이 검색문헌 수를 20건으로 늘렸을 경우에는 평균으로 보았을 때 순차적 bnb 알고리즘이 가장 높은 검색성능을 보여 주고 있는 것을 알 수 있다 즉, 평균적으로 순차적 bnb 알고리즘이 병렬적 bnb 알고리즘이나 홉필드 넷 알고리즘보다 재현율이 각각 3.0%, 1.9% 높게 나타나고 있다.

검색문헌 수를 10건으로 했을 때와 마찬가지로 순차적 bnb 알고리즘은 낮은 확장용어 가중치에 많은 확장용어 수를 조건으로 적용하였을 때 검색성능이 매우 낮게 나타나고 있다. 즉, 확장용어 가중치를 0.3으로 하고 확장용어 수를 8개에서 12개와 16개로 변화시키면 검색성능이 각각 3.6%, 9.4% 낮아지는 것을 알 수 있다. 홉필드 넷 알고리즘은 확장용어 가중치가 낮을 때 즉, 0.2와 0.3일 때 병렬적 bnb 알고리즘보다 검색성능이 높지만 확장용어 가중치가 높을 때에는 병렬적 bnb 알고리즘보다 낮은 검색성능을 보여 주었다. 반대로, 병렬적 bnb 알고리즘은 확장용어 수와 확장용어 가중치가 각각 8개와 0.4일 때를 기점으로 해서 홉필드 넷 알고리즘보다 검색성능이 높아진다.

<표 4.2> 개념확장 알고리즘의 확장조건별 검색효율
비교(검색결과 20건)

성능 확장 조건	재 현 율			정 확 률		
	순차적 bnb	병렬적 bnb	홉필드 넷	순차적 bnb	병렬적 bnb	홉필드 넷
8/0.2	0.7633	0.7401	0.7408	0.3617	0.3517	0.3583
12/0.2	0.7367	0.6833	0.7491	0.3550	0.3333	0.3533
16/0.2	0.7044	0.6576	0.6797	0.3433	0.3267	0.3350
8/0.3	0.7633	0.7401	0.7499	0.3617	0.3517	0.3633
12/0.3	0.7367	0.6819	0.7136	0.3550	0.3317	0.3467
16/0.3	0.6977	0.6576	0.7141	0.3400	0.3267	0.3467
8/0.4	0.7673	0.7733	0.7334	0.3650	0.3667	0.3533
12/0.4	0.7642	0.7603	0.7354	0.3617	0.3583	0.3550
16/0.4	0.7663	0.7509	0.7354	0.3633	0.3567	0.3550
8/0.5	0.7481	0.7442	0.7363	0.3633	0.3600	0.3483
12/0.5	0.7433	0.7394	0.7363	0.3617	0.3583	0.3483
16/0.5	0.7433	0.7394	0.7363	0.3617	0.3583	0.3483
평 균	0.7446	0.7223	0.7300	0.3578	0.3483	0.3510

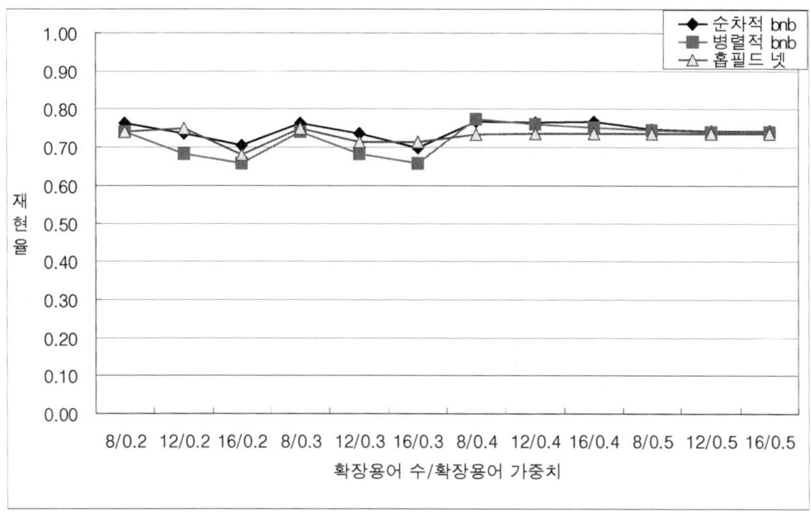

<그림 4.3> 개념확장 알고리즘의 재현율 비교(검색결과 20건)

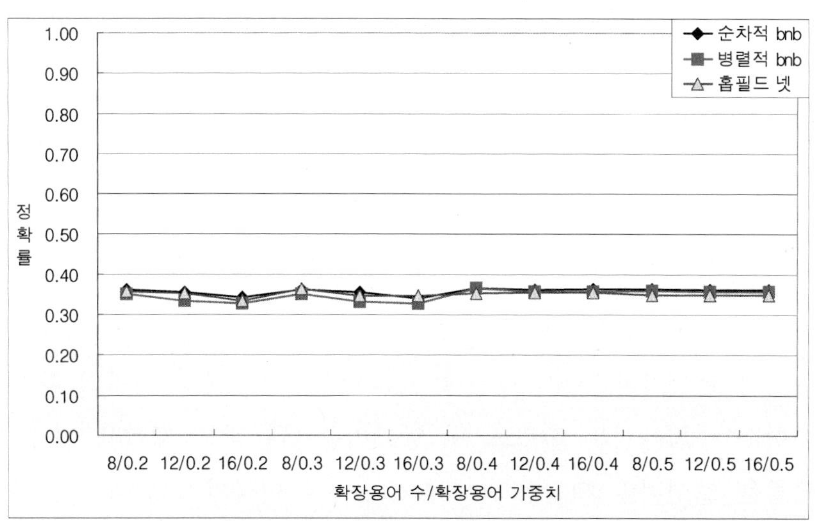

<그림 4.4> 개념확장 알고리즘의 정확률 비교(검색결과 20건)

홉필드 넷 알고리즘의 경우 확장용어 가중치가 0.5에서는 확장용어 수와 무관하게 성능이 거의 동일해진다는 것을 알 수 있다. 즉, 확장용어 가중치를 0.5로 하고 확장용어 수를 8개, 12개, 16개로 변화시켜도 재현율 및 정확률은 각각 0.7363, 0.3083으로 변화가 없다. 다른 bnb 알고리즘도 매우 근소한 차이의 변화가 있을 뿐이다. 세 알고리즘의 공통적인 특징은 검색문헌 수를 10건으로 하였을 때와 마찬가지로 확장용어 수와 확장용어 가중치가 각각 16개와 0.2, 16개와 0.3일 때 특히 낮은 성능을 보여 주고 있다는 것이다. 따라서 시스템에 낮은 확장용어 가중치를 부여하고자 할 경우는 확장용어 수를 적게 하는 것이 바람직할 것으로 보인다.

〈표 4.3〉은 탐색문 30개에 대하여 수행된 개념기반 검색결과 중 상위 30건까지의 재현율 및 정확률의 평균이다. 〈그림 4.5〉는 〈표 4.3〉을 기초로 하여 세 알고리즘에 대한 재현율을 비교한 것이고 〈그림 4.6〉은 동일한 기준에서 정확률을 비교한 것이다.

검색문헌 수를 30건으로 하였을 경우에 재현율에 있어서 뚜렷한 성능 차이를 보여 주고 있다. 〈표 4.3〉에서 보듯이 순차적 bnb 알고리즘과 병렬적 bnb 알고리즘은 확장용어 수와 확장용어 가중치가 각각 8개와 0.4인 조건을 기점으로 해서 재현율이 급격히 높아지며 특히, 병렬적 bnb 알고리즘은 0.4 이하의 확장용어 가중치에서는 홉필드 넷 알고리즘보다 낮은 재현율 및 정확률을 보이지만 확장용어 가중치가 0.4 이상인 조건에서는 홉필드 넷 알고리즘보다 높은 검색성능을 보여 주고 있다. 따라서 병렬적 bnb 알고리즘을 이용할 경우 확장용어 가중치를 높임으로써 좋은 검색결과를 얻을 수 있을 것이다.

　순차적 bnb 알고리즘과 병렬적 bnb 알고리즘의 경우, 재현율이 정확률보다 변수 조정의 영향을 더 많이 받는 것으로 나타났다. 〈그림 4.5〉와 〈그림 4.6〉을 보면, 정확률 곡선은 변수 조정에 의해 완만하게 하강 또는 상승하는 반면 재현율 곡선은 정확률에 비해 상승폭 및 하강폭이 크다. 홉필드 넷 알고리즘도 순차적 bnb 및 병렬적 bnb 알고리즘과 마찬가지로 정확률보다 재현율이 변수 조정의 영향을 더 많이 받긴 하지만 전체적으로 볼 때 다른 알고리즘에 비해 변수 조정의 영향을 적게 받는 것으로 보인다. 확장 조건으로 확장용어 수를 16개로 하고 확장용어 가중치를 0.2로 한 경우를 제외하고는 매우 유사한 성능을 보여주고 있다.

<표 4.3> 개념확장 알고리즘의 확장조건별 검색효율
비교(검색결과 30건)

성능 확장 조건	재 현 율			정 확 률		
	순차적 bnb	병렬적 bnb	홉필드 넷	순차적 bnb	병렬적 bnb	홉필드 넷
8/0.2	0.8679	0.8053	0.8467	0.2867	0.2722	0.2844
12/0.2	0.8114	0.7579	0.8344	0.2789	0.2622	0.2778
16/0.2	0.7941	0.7285	0.7635	0.2733	0.2544	0.2678
8/0.3	0.8568	0.8053	0.8463	0.2856	0.2722	0.2856
12/0.3	0.8099	0.7579	0.8117	0.2778	0.2622	0.2767
16/0.3	0.7859	0.7285	0.8179	0.2700	0.2544	0.2756
8/0.4	0.8682	0.8246	0.8061	0.2867	0.2844	0.2778
12/0.4	0.8503	0.8464	0.8061	0.2844	0.2822	0.2778
16/0.4	0.8436	0.8397	0.8024	0.2822	0.2800	0.2767
8/0.5	0.8594	0.8555	0.8293	0.2878	0.2856	0.2800
12/0.5	0.8567	0.8528	0.8293	0.2878	0.2856	0.2800
16/0.5	0.8567	0.8528	0.8293	0.2878	0.2856	0.2800
평 균	0.8384	0.8046	0.8186	0.2824	0.2734	0.2783

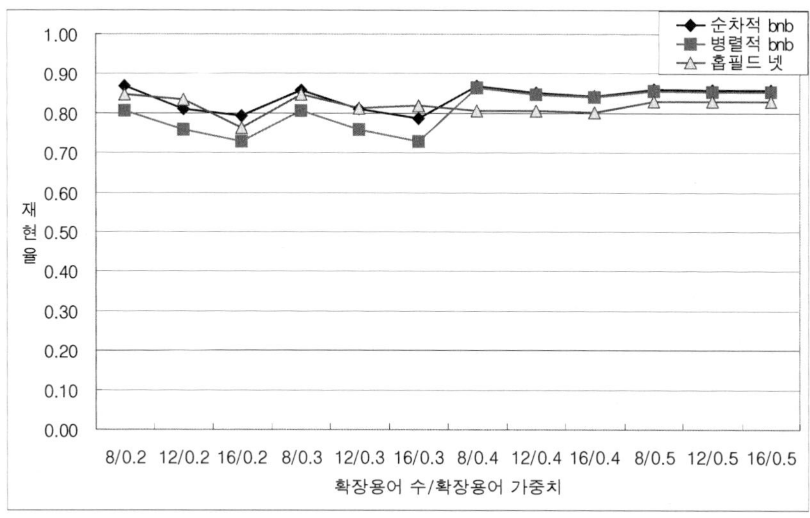

<그림 4.5> 개념확장 알고리즘의 재현율 비교(검색결과 30건)

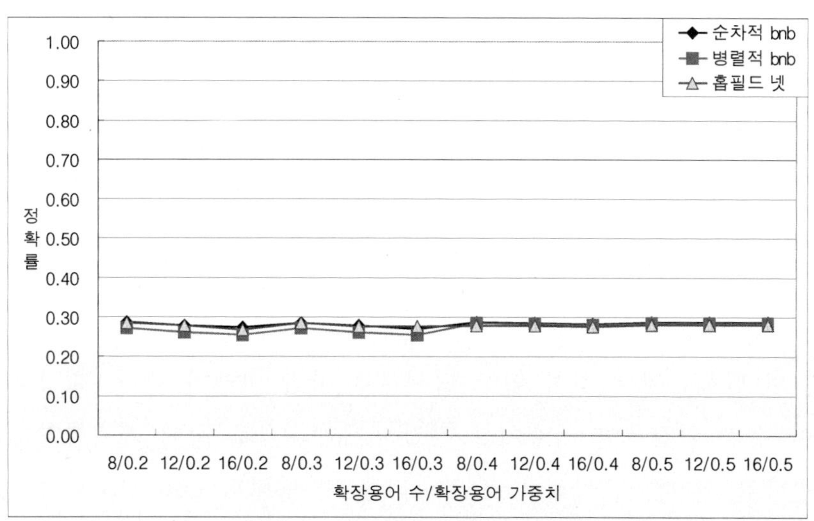

<그림 4.6> 개념확장 알고리즘의 정확률 비교(검색결과 30건)

한편, 홉필드 넷 알고리즘은 다른 알고리즘에 비해 낮은 확장용어 가중치에서도 비교적 높은 검색성능을 보여 주고 있는 것을 알 수 있는데 그 이유는 홉필드 넷 알고리즘이 다른 알고리즘에 비해 엄격한 개념확장을 하기 때문인 것으로 분석된다. 즉, 홉필드 넷 알고리즘에 의해 개념확장을 할 때 확장될 용어의 가중치가 모노드(parent node)에 있는 모든 용어와의 의미거리를 산출하기 때문에 비교적 엄격한 개념확장을 수행한다고 할 수 있으며, 따라서 확장 탐색문에 포함될 용어가 초기 탐색문과 매우 밀접한 연관성을 가지게 된다.

예를 들어, "유로화 출범이 세계 경제에 미친 영향"이라는 탐색문에 대하여 초기 탐색문은 다음과 같이 작성된다.

```
----- 초기 탐색문 -----

유로화: 1.0000
출범  : 1.0000
세계  : 1.0000
경제  : 1.0000
```

위 탐색문에 대하여 확장 탐색문은 각각 아래와 같다. 확장용어 수와 확장용어 가중치를 각각 8개와 0.4로 하여 개념확장을 한다고 할 때, 순차적 bnb 알고리즘 및 병렬적 bnb 알고리즘은 0.4 이상의 가중치를 가진 용어로 확장되어 네 개의 탐색어가 추가로 최종 탐색문에 포함된다.

반면에 홉필드 넷 알고리즘에 의해 확장된 탐색문에는 단지 하나의 탐색어만 추가되었으나 초기 탐색어 "유로화"와 매우 밀접한 연관성이 있다는 것을 알 수 있다. 확장 탐색문은 각각 다음과 같다.

<table>
<tr><td>순차적 / 병렬적 bnb</td><td>홉필드 넷 알고리즘</td></tr>
<tr><td>

---- 확장 탐색문 ----

유로화: 1.0000
출범 : 1.0000
세계 : 1.0000
경제 : 1.0000
유로 : 0.5548
전망 : 0.4560
양극화: 0.4510
단일 : 0.4188
</td><td>

---- 확장 탐색문 ----

유로화: 1.0000
출범 : 1.0000
세계 : 1.0000
경제 : 1.0000
유로 : 0.5386
</td></tr>
</table>

'전망', '양극화', '단일화'라는 용어는 초기 탐색어와 어의적 연관성은 없지만 확장된 탐색문에 의해 검색된 적합문헌을 보면, 유로화 출범이 세계경제에 미치는 영향이나 전망, 유로화의 양극화 및 단일화 등에 대한 주제를 다루고 있는 것을 알 수 있다. 그러나 이 용어들은 이용자가 입력한 탐색어와의 동시출현 빈도에 의해 산출된 유사도를 기반으로 확장된 것이기 때문에 의미적으로 큰 연관성이 없으며 따라서 재현율은 증가시켜도 정확률은 저하시킬 가능성이 있다.

〈표 4.4〉는 다양한 개념확장 조건에 의해 산출된 각 값들의 평균을 검색문헌 수별로 비교한 것이다. 검색문헌 수를 10건, 20건, 30건으로 한 모든 경우에 정확률에 대한 평균은 거의 차

이가 없는 것으로 나타났다. 재현율에 있어서도 큰 차이는 없지만 검색문헌 수를 10건으로 하였을 때에는 홉필드 넷 알고리즘이 다른 알고리즘보다 높은 검색성능을 보여 주며, 검색문헌 수를 20건과 30건으로 올렸을 경우에는 순차적 bnb 알고리즘의 검색성능이 가장 높게 나타났다.

즉, 검색문헌 수를 10건을 하였을 경우에는 홉필드 넷 알고리즘의 재현율은 0.5620으로 순차적 bnb 알고리즘 및 병렬적 bnb 알고리즘보다 각각 2.2%, 3.0% 높게 나타났다. 반면에 검색문헌 수를 20건이나 30건으로 하였을 때에는 순차적 bnb 알고리즘의 재현율이 가장 높게 나타났으며 병렬적 bnb 알고리즘보다는 각각 3.0%, 3.7%, 그리고 홉필드 넷 알고리즘보다는 각각 1.9%, 2.4% 높게 나타났다.

<표 4.4> 개념확장 알고리즘의 검색효율 평균 비교

성능 검색 문헌수	재현율			정확률		
	순차적 bnb	병렬적 bnb	홉필드 넷	순차적 bnb	병렬적 bnb	홉필드 넷
10 건	0.5498	0.5454	0.5620	0.5039	0.4958	0.5047
20 건	0.7445	0.7223	0.7300	0.3577	0.3483	0.3509
30 건	0.8384	0.8046	0.8185	0.2824	0.2734	0.2783
평 균	0.7109	0.6907	0.7035	0.3813	0.3725	0.3779

4.2.2 표준재현율에서의 정확률 비교

〈표 4.5〉는 세 알고리즘에 대한 표준재현율에서의 정확률을 수록하고 있는데, 확장용어 수와 확장용어 가중치를 각각 8개와 0.4로 하고 검색문헌 수를 30건으로 제한했을 때의 검색 실험결과만을 분석하였다. 이는 검색문헌 수를 10건이나 20건으로 하였을 때 재현율이 각각 0.58과 0.77이 최고값이기 때문에 보간법을 적용한다 하더라도 보간율이 커져서 제대로 정확률을 산출할 수 없기 때문이다(〈표 4.1~4.3〉 참조).

따라서 본 실험에서는 검색문헌 수를 30건으로 하여 검색 실험결과를 분석하고 표준재현율에서의 정확률을 구했다. 〈그림 4.7〉은 〈표 4.5〉를 기초로 작성한 것으로서 표준재현율 0.0과 0.2 사이에서 정확률이 급하강하는 것으로 보아 이 지점에서 보간폭이 매우 커졌음을 알 수 있다. 다른 검색모형의 실험에서와 달리 정확률이 급하강하는 것은 개념기반 검색모형에서는 확장된 용어를 탐색어로 추가하였기 때문인 것으로 분석된다. 또한 다른 실험에서와 달리 실험결과의 평가 척도로 수정재현율을 이용하고 있지 않다.

〈표 4.5〉에서 보듯이 세 개의 알고리즘은 큰 성능 차이가 발생하지 않는다는 것을 알 수 있다. 그 중 순차적 bnb 알고리즘과 병렬적 bnb 알고리즘은 유사한 검색성능을 보여 주고 있으며 홉필드 넷 알고리즘보다 검색성능이 전체적으로 높게 나타나고 있다. 따라서 bnb 알고리즘의 경우 비교적 높은 순위에서 적합문헌이 많이 발견되었다는 것을 알 수 있다. 반면에 홉필드 넷 알고리즘은 거의 모든 표준재현율 지점에서 가장 낮은 검색

성능을 보여 주고 있어서 적합문헌이 비교적 하위 순위에서 발견된다는 것을 알 수 있다.

<표 4.5> 개념확장 알고리즘의 검색효율 비교 − 표준재현율 기준시 정확률

표준재현율	정확률		
	순차적 bnb 알고리즘	병렬적 bnb 알고리즘	홉필드 넷 알고리즘
0.0	1.0000	1.0000	1.0000
0.1	0.7667	0.8056	0.7774
0.2	0.6943	0.6789	0.6406
0.3	0.6681	0.6619	0.6247
0.4	0.6218	0.6246	0.5843
0.5	0.5692	0.5800	0.5415
0.6	0.5161	0.5153	0.4881
0.7	0.4222	0.4143	0.4160
0.8	0.3503	0.3393	0.2824
0.9	0.2967	0.2962	0.3022
1.0	0.3297	0.3291	0.3358

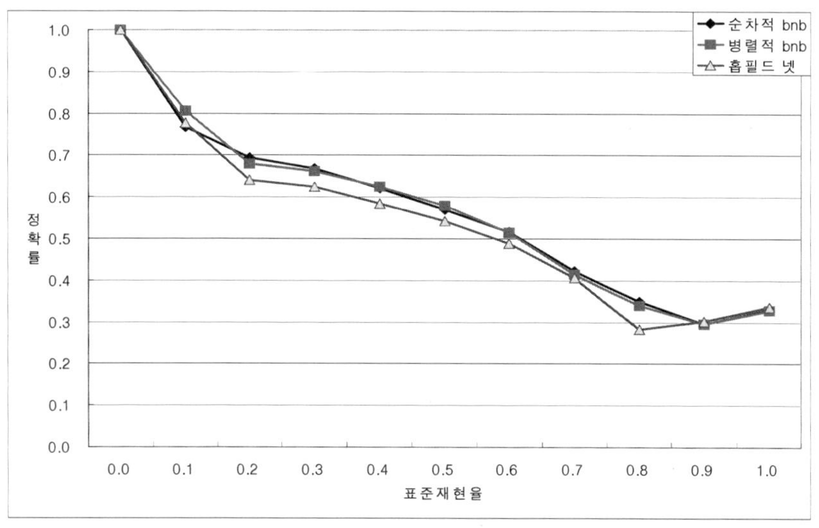

<그림 4.7> 개념확장 알고리즘의 검색효율 비교 -
표준재현율 기준시 정확률

4.2.3 개념확장 시간의 비교

본 실험에서는 세 개의 개념확장 알고리즘의 개념확장 시간을
각각 비교 분석하였다. 각 알고리즘이 개념확장을 수행하는데
소요된 시간은 <표 4.6>과 같고 <그림 4.8>은 <표 4.6>을 그림
으로 표현한 것이다.

<표 4.6>은 탐색문 30개에 대하여 개념확장을 하는데 소요된
시간들의 평균으로서 검색문헌 수를 30건으로 하여 확장용어 수
와 확장용어 가중치를 조합한 12개의 조건에서 개념확장 시간을
비교한 것이다. 표에서 보듯이 홉필드 넷 알고리즘은 모든 조건
에서 가장 빠르게 개념확장이 이루어진 것을 알 수 있다. 홉필

드 넷 알고리즘의 개념확장 시간은 0.1초에서 0.3초이다.

반면에 병렬적 bnb 알고리즘은 0.6초에서 0.9초가 개념확장에 소요되며 개념확장이 가장 느리게 진행되었다. 순차적 bnb 알고리즘은 0.2초에서 0.9초까지 다양한 개념확장 시간을 보여주고 있다. 즉, 확장용어 가중치가 0.2인 경우에는 비교적 개념확장 속도가 빠르나 0.3 이상에서는 속도가 급격히 느려진다. 이와 같은 개념확장 시간차는 개념확장을 위해 수행된 연산과정의 차이 때문에 발생하는 것으로 분석된다.

<표 4.6> 개념확장 알고리즘의 개념확장 시간 비교

알고리즘 평균소요시간	순차적 bnb 알고리즘	병렬적 bnb 알고리즘	홉필드 넷 알고리즘
8 / 0.2	0.2186	0.6638	0.1663
8 / 0.3	0.8120	0.8899	0.1337
8 / 0.4	0.7770	0.7896	0.1328
8 / 0.5	0.8302	0.8566	0.2621
12 / 0.2	0.3364	0.8273	0.1356
12 / 0.3	0.8470	0.7887	0.1413
12 / 0.4	0.8024	0.7537	0.1681
12 / 0.5	0.7309	0.7905	0.2336
16 / 0.2	0.3577	0.7461	0.1669
16 / 0.3	0.7664	0.7962	0.1649
16 / 0.4	0.7765	0.7977	0.1941
16 / 0.5	0.8103	0.8307	0.2708

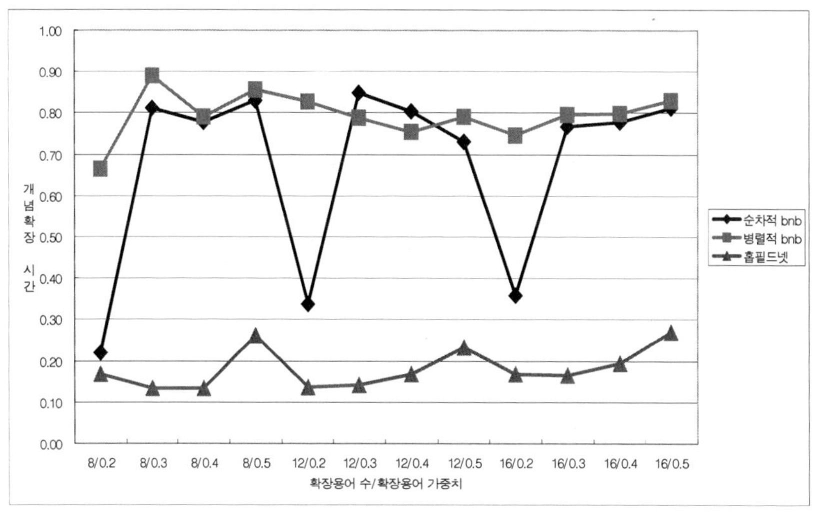

<그림 4.8> 알고리즘별 개념확장 시간 비교

4.3 개념기반 검색과 P-norm 검색과의 성능 비교

4.3.1 P-norm 검색 실험 설계

P-norm 검색모형은 불논리 검색, 퍼지 검색, 벡터 공간 모형들을 결합하여 일반화시킨 모형으로, 탐색어에 가중치가 부여된 불논리 탐색문과 색인어에 가중치가 부여된 문헌 벡터 간의 유사도를 반영하는 일반화된 거리 함수(generalized distance function)에 기반을 두고 있다(Salton, Fox, and Wu 1983).

불논리 검색과 비교되는 장점으로는 전통적인 불논리 검색의 구조를 그대로 유지하면서 문헌과 탐색문 사이의 유사도를 산출

할 수 있다는 점과 문헌과 탐색문에 나타난 용어에 각각 다른 가
중치를 부여할 수 있어서 문헌과 탐색문의 유사도 순으로 검색
결과를 제공할 수 있다는 점이다. 또한 p 파라미터 값을 조절함
으로써 탐색문의 논리 연산 수준을 완화시킬 수 있고 탐색문과
부분적으로 일치하는 문헌까지 검색할 수 있는 장점이 있다.

문헌 D와 질문 Q 간의 유사도를 산출하는 P-norm 검색모형
은 각 논리 연산자에 따라 〈공식 4.3〉, 〈공식 4.4〉, 〈공식 4.5〉
와 같다.

$$SIM\ (Q\ _{OR}\ p,\ D)\ =\ ^p\!\sqrt{\frac{a_1^p d_{A_1}^p + a_2^p d_{A_2}^p + \ldots + a_n^p d_{A_n}^p}{a_1^p + a_2^p + \ldots a_n^p}} \qquad \text{〈공식 4.3〉}$$

$$SIM\ (Q\ _{AND}\ p,\ D)\ =$$

$$1 - ^p\!\sqrt{\frac{a_1^p(1-d_{A_1})^p + a_2^p(1-d_{A_2})^p + \ldots + a_n^p(1-d_{A_n})^p}{a_1^p + a_2^p + \ldots + a_n^p}} \qquad \text{〈공식 4.4〉}$$

$$SIM\ (Q\ _{NOT}\ p,\ D)\ =\ 1\ -\ SIM(Q,\ D) \qquad \text{〈공식 4.5〉}$$

위의 공식에서 A_n은 문헌에 출현한 색인어이고 a_n은 탐색문에
출현한 탐색어이다. 이 책에서는 〈공식 4.4〉를 사용하고 있다.
AND 개념을 적용한 이유는 실험을 위해 작성된 탐색문의 성격
상 각 탐색어가 AND로 조합된 것과 동일하기 때문이다. 본 실
험에서는 색인어에만 가중치를 부여하였으며, 용어 가중치는 역
문헌빈도에 문헌빈도를 곱한 〈공식 2.3〉을 사용하고 있다.

P-norm 검색모형에서 p 파라미터 값은 검색성능에 영향을

미치는 중요한 요소 중의 하나이다. P-norm 검색의 p는 1에서 ∞값($1 \leq p \leq \infty$)을 가지므로 불논리 검색의 AND 연산자와 OR 연산자에 덧붙여져 탐색어의 결합 정도를 조절하는 기능을 하므로 이를 통해 탐색절의 해석도를 조정할 수 있는 것으로 알려져 있다. 즉 p 값이 ∞에서 1로 줄어들 때 P-norm 검색은 전통적인 불논리 검색($p = \infty$)에서 벡터 공간 검색($p = 1$)으로 그 속성이 변하게 된다.

일반적으로 AND 연산자와 OR 연산자의 특성을 살리기 위해 파라미터 값을 달리 부여할 경우에 $p_{and} = 2$, $p_{or} = 1$을 부여함으로써 검색성능이 가장 많이 향상되는 것으로 나타나고 있다.

설튼 등(Salton, Fox, and Wu 1983)은 모든 연산기호에 동일한 p 값을 적용할 경우, 가중치로 이진값을 사용할 때에 적합한 p 값은 2~5 사이이며 가중치로 실제값을 사용할 때는 p 값은 좀 더 낮은 1~2 사이가 가장 효과가 있다고 밝히고 있다. 이 책에서는 대부분의 실험에서 비교적 높은 성능을 보이는 것으로 밝혀진 2를 p 값으로 부여하였다.

4.3.2 실험결과 비교

개념기반 검색모형의 검색성능을 P-norm 검색모형과 비교하기 위해서 위에서 실험한 다양한 조건 중 확장용어 수가 8개이고 확장용어 가중치가 0.4인 조건을 취하였다.

〈표 4.7〉은 확장용어 수와 확장용어 가중치가 각각 8개와 0.4인 경우의 개념기반 검색을 10건, 20건, 30건에서 P-norm 검

색모형과 비교한 것이며 〈그림 4.9〉와 〈그림 4.10〉은 〈표 4.7〉을 그림으로 표현한 것이다.

개념확장 알고리즘은 모두 0.5 이상의 높은 재현율 및 정확률을 보여 주고 있는 반면, P-norm 검색은 재현율과 정확률이 각각 0.27과 0.25로 개념확장 알고리즘이 P-norm 검색보다 거의 200% 정도 높은 성능을 보여 주고 있다.

검색문헌 수를 10건으로 했을 경우의 재현율을 보면 순차적 bnb, 병렬적 bnb, 그리고 홉필드 넷 알고리즘은 P-norm 검색모형의 0.2705에 비해 각각 206%, 211%, 206% 높게 나타나고 있다. 정확률에 있어서도 P-norm 검색의 0.2533에 비해 각각 204%, 208%, 200% 높게 나타나고 있다.

〈표 4.7〉 개념기반 검색모형과 P-norm 검색모형의 검색효율 비교

알고리즘 / 검색문헌수	재현율				정확률			
	순차적 bnb	병렬적 bnb	홉필드 넷	P-norm	순차적 bnb	병렬적 bnb	홉필드 넷	P-norm
10건	0.5580	0.5730	0.5576	0.2705	0.5167	0.5267	0.5067	0.2533
20건	0.7673	0.7733	0.7334	0.3354	0.3630	0.3667	0.3533	0.1750
30건	0.8682	0.8642	0.8061	0.3787	0.2867	0.2844	0.2778	0.1278

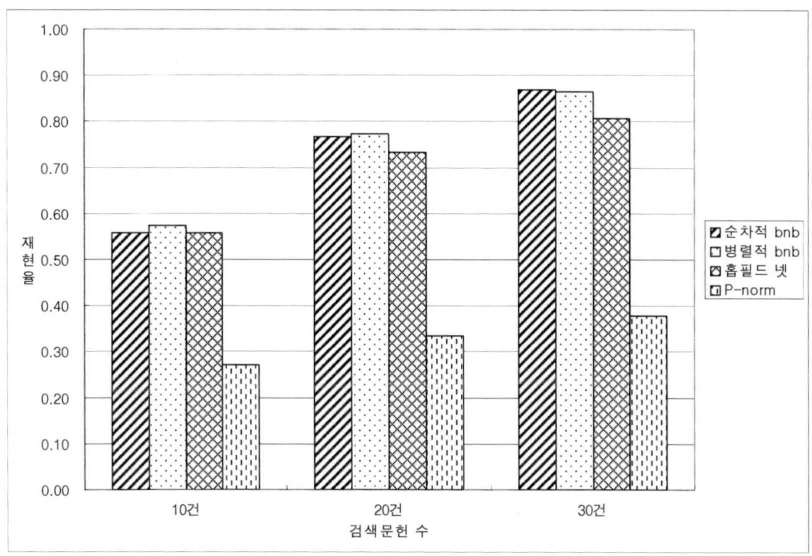

<그림 4.9> 개념기반 검색모형과 P-norm 검색모형의 재현율 비교

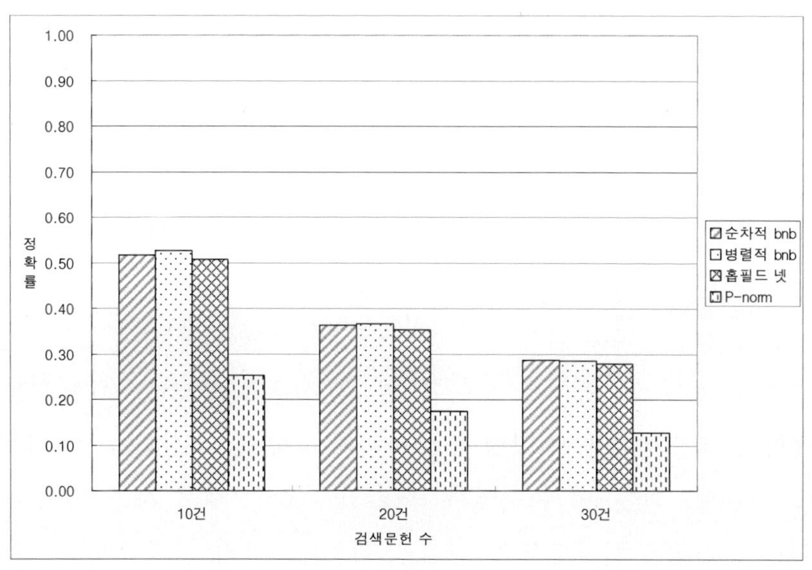

<그림 4.10> 개념기반 검색모형과 P-norm 검색모형의 정확률 비교

　검색문헌 수를 30건으로 했을 때 P-norm 검색모형의 재현율이 개념기반 검색모형의 재현율보다 낮은 이유는 적합문헌이면서도 탐색문의 용어와 정확히 일치하는 색인어를 갖지 않는 문헌이 데이터베이스 내에 다수 존재하기 때문인 것으로 분석된다. 따라서 P-norm 검색모형은 개념확장을 하지 않음으로써 이러한 문헌들은 검색해 낼 수 없게 된다.

　개념기반 검색모형이 P-norm 검색모형에 비해 이와 같이 높은 검색효율을 보이는 이유는 개념기반 검색모형은 개념확장을 통해 이용자가 입력한 탐색어와 유사한 용어를 최종 탐색문에 포함시켜 줌으로써 탐색어와 정확히 일치하는 용어를 가지고 있지 않으나 유사한 용어를 색인어로 가지고 있는 문헌이 검색될 수 있도록 하기 때문이다. 예를 들어, 이용자가 "국제통화기금"에 관한 정보를 찾기 위해 탐색어로 "IMF"를 입력 했을 때, 개념기반 검색모형은 "국제통화기금"이라는 용어를 개념확장 과정을 통해 최종 탐색문으로 포함시켜서 "국제통화기금"이라는 용어를 색인어로 가지고 있는 문헌까지도 검색해 준다. 반면에, P-norm 검색모형은 개념확장을 하지 않기 때문에 "국제통화기금"에 관한 내용을 담고 있음에도 불구하고 "국제통화기금"이라는 용어를 색인어로 가지고 있지 않는 문헌들은 검색해 낼 수 없다.

　위의 실험결과는 P-norm 검색모형에 관한 선행 연구의 실험결과와 매우 큰 차이를 보이고 있다. 신은자(1998)는 이상적인 적합성 피드백검색 시스템을 구축하기 위한 검색실험을 수행한 바 있는데, 그는 이 논문에서 P-norm 검색모형을 초기 탐색과 피드백 검색으로 구분하여 실험을 하였다. 그의 실험결과 중 초기 탐색결과를 보면 검색문헌 수를 10건으로 하였을 때, 재현율과 정확률은 각각 0.25, 0.42였고, 검색문헌 수를 20건으로 하였을 때는 각각 0.47과 0.39였다.

이 책의 실험결과와 비교해 볼 때, 검색문헌 수를 10건으로 하였을 때의 P-norm 검색모형의 재현율과 정확률은 각각 0.2705와 0.2533으로, 정확률에 있어서 특히 큰 차이를 보이고 있다. 또한 검색문헌 수를 20건으로 제한했을 때의 결과에서도 동일한 현상이 나타났다.

이와 같이 이 책의 실험결과가 선행 연구와 큰 차이를 보이는 이유는 평가 척도의 차이 때문인 것으로 분석된다. 본 실험에서는 평가 척도로 수정재현율을 사용하고 있지 않다. 위의 선행 연구는 P-norm 검색모형에 대한 실험을 수행함에 있어 검색된 결과 내의 적합문헌 수를 파악하여 재현율을 구하는 수정재현율을 평가 척도로 이용하고 있는 반면에 이 책은 실험 문헌 집단 내의 전체 적합문헌을 기준으로 검색결과를 평가하는 재현율을 평가 척도로 이용하고 있다.

4.4 실험결과 요약 및 성능향상 방안

이 책의 실험 1에서는 개념확장 알고리즘으로서 순차적 bnb 알고리즘과 병렬적 bnb 알고리즘, 그리고 홉필드 넷 알고리즘을 이용한 개념기반 검색모형의 검색성능을 비교 평가하였다. 실험을 위해 사용된 지식베이스는 문헌으로부터 자동으로 구축된 의미망 구조의 문헌기반 지식베이스이다.

실험결과, 동일한 지식베이스를 대상으로 한 세 개의 개념확장 알고리즘은 검색성능에 있어서 큰 차이는 없었지만 순차적 bnb 알고리즘이 대체적으로 높은 검색성능을 보여 주었다. 특히 병렬적 bnb 알고리즘은 낮은 확장용어 가중치보다 높은 확장용어 가중치에서 비교적 검색효율이 좋았으며, 홉필드 넷 알고리즘은 확장용어 수와 확장용어 가중치 등 변수 조정의 영향을 적게 받는 것으로 나타났다.

사용된 검색 조건별로 실험결과를 살펴보면 다음과 같다. 탐색문 30개에 대하여 수행된 개념기반 검색결과 중 검색문헌 수를 상위 10건으로 제한하여 검색효율을 측정한 결과, 홉필드 넷 알고리즘은 다른 2개의 알고리즘에 비해 검색성능이 비교적 높게 나타났다. 홉필드 넷 알고리즘은 특히 확장용어 가중치가 낮은 지점 즉, 0.2와 0.3인 경우에 검색효율이 좋았으며 확장용어 가중치가 0.4 이상인 조건에서는 bnb 알고리즘과 같거나 약간 낮게 나타났다.

순차적 bnb 알고리즘은 낮은 확장용어 가중치와 많은 확장용어 수를 적용하여 개념확장을 했을 때 매우 낮은 검색성능을 보여 주었다. 즉, 확장용어 수와 확장용어 가중치를 각각 16개와 0.2, 16개와 0.3으로 하였을 때 매우 낮은 검색성능을 보여 주었다.

검색문헌 수를 20건으로 하였을 때는 순차적 bnb 알고리즘이 가장 높은 검색성능을 보여 주었다. 홉필드 넷 알고리즘은 확장용어 가중치를 0.3 이하로 하였을 때 병렬적 bnb 알고리즘보다 검색성능이 높지만 확장용어 가중치가 0.4 이상인 조건에서는 병렬적 bnb 알고리즘이 더 높은 검색성능을 보여 주었다. 세 알고리즘 모두 0.4 이하일 때는 확장용어 수를 8개로 하였을 때 높은 검색성능을 보여 주지만 0.5를 넘으면 확장용어 수의 증가에도 불구하고 성능 차이가 크게 발생하지 않는 것을 알 수 있다.

검색문헌 수를 30건으로 하여 검색성능을 측정한 결과 알고리즘별 재현율 차이가 뚜렷해지는 반면 정확률의 성능은 비슷해지는 것을 알 수 있다. 검색문헌 수를 30건으로 하였을 때에도 순차적 bnb 알고리즘의 성능이 가장 높게 나타났으며 확장용어 수가 적을수록 검색성능이 높았다. 병렬적 bnb 알고리즘은 확장용어 가중치가 0.3 이하인 지점에서는 홉필드 넷 알고리즘보다 낮지만 0.4 이상에서는 홉필드 넷 알고리즘보다 검색성능이 높게 나타났다. 확장용어 수 및 확장용어 가중치가 각각 16개와 0.3, 8개와 0.4인 조건의 재현율을 비교해 보면 16개와 0.3인 조건에서 병렬적 bnb 알고리즘은 0.7285로 홉필드 넷 알고리즘의 0.8179보다 약 12.3% 낮지만 8개와 0.4인 조건에서는 병렬적 bnb 알고리즘의 재현율이 0.8246으로 홉필드 넷 알고리즘의 0.8061보다 약 2.3% 높게 나타났다. 또한 병렬적 bnb 알고리즘은 확장용어 수와 확장용어 가중치를 각각 16개와 0.3에서 8개와 0.4로 변수 조정을 하였을 때 재현율이 0.7285에서 0.8246으로 13.2% 정도 향상되었다.

세 알고리즘의 공통적인 특징은 첫째, 확장용어 가중치가 높을 경우 확장용어 수를 8개에서 16개로 조정하여도 성능이 크게 높아지거나 낮아지지 않는다는 것이다. 예를 들어, 검색문헌 수를 10건으로 하고 확장용어 가중치를 0.5로 한 경우 홉필드 넷 알고리즘은 재현율과 정확률 모두 확장용어 수의 증가에도 불구하고 각각 0.5685, 0.4933으로 동일했고 검색문헌 수를 20건, 30건으로 하였을 때에도 동일한 현상이 나타났다.

둘째, 확장용어 수가 많고 확장용어 가중치가 낮은 경우에 매우 낮은 검색효율을 나타냈다. 세 알고리즘 모두 확장용어 수와 확장용어 가중치를 16개와 0.2로 하였을 때 대체적으로 검색성능이 낮게 나타났다.

이 책에서는 알고리즘별 개념확장 시간을 비교하였는데, 홉필드 넷 알고리즘은 모든 변수 조정 지점에서 개념확장 시간이 0.1초에서 0.3초로 가장 짧았고 병렬적 bnb 알고리즘은 0.6초에서 0.9초로 가장 느리게 개념확장이 진행되었다. 순차적 bnb 알고리즘은 확장용어 가중치를 0.2로 하였을 경우 0.2초에서 0.4초 사이로 개념확장 시간이 매우 짧았으나 확장용어 가중치가 0.3 이상인 조건에서는 개념확장 시간이 0.7초에서 0.9초 사이로 병렬적 bnb 알고리즘과 유사해졌다.

세 개의 개념확장 알고리즘은 P-norm 검색모형과도 비교되었으며 실험결과, 개념기반 검색모형이 P-norm 검색모형보다 재현율과 정확률에 있어 거의 200% 정도 높은 검색성능을 보여 주었다. 이와 같은 성능 차이는 개념확장의 유무에 따른 차이로서 P-norm 검색이 용어 불일치에 의해 검색하지 못하는 문헌을 개념확장 알고리즘은 개념확장 과정을 통해 이용자가 입력한 초기 탐색어와 연관성이 있는 용어를 최종 탐색문으로 포함시킴으로써 이용자의 요구에 적합한 문헌을 검색해 올 수 있기 때문이다.

위와 같이 이 책의 실험 1에서는 동일한 문헌기반 지식베이스를 대상으로 하였을 때, 알고리즘 간의 검색성능을 검색효율과 개념확장 시간을 가지고 비교 분석하였다. 순차적 bnb 알고리즘은 병렬적 bnb 알고리즘 및 홉필드 넷 알고리즘보다 검색효율이 좋았으며 특히 확장용어 수가 적고 확장용어 가중치가 높을 때 높은 성능을 보여 주었다.

개념기반 검색은 지식베이스 내의 용어들을 확장함으로써 검색효율 특히, 재현율을 높이는 기법으로서 지식베이스가 어떻게 구축되느냐에 따라 성능이 달라질 수 있다. 실험 1은 동일한 지식베이스를 대상으로 하여 개념확장 알고리즘들의 검색성능을 비교한 것이지만 실험 2에서는 알고리즘의 성능이 지식베이스의 유형에 따라 달라질 수 있을 것이라는 판단 아래 실험 1에서 사용된 지식베이스를 개선하여 개념기반 검색의 성능을 향상시키고자 하였다.

실험 2에서는 실험 1에서 비교적 높은 성능을 보여준 순차적 bnb 알고리즘을 네 개의 다른 지식베이스에 적용함으로써 개념확장 알고리즘에 가장 적합한 지식베이스를 발견하고자 하였다. 실험을 위해 구축된 지식베이스는 문헌기반 지식베이스, 시소러스기반 지식베이스, 통합형 지식베이스, 그리고 동의어 처리형 지식베이스이다.

문헌기반 지식베이스는 실험 1에서 사용된 지식베이스로서 실험 문헌 집단으로부터 자동으로 구축된 지식베이스이다. 이 지식베이스는 문헌에 출현한 모든 용어에 대한 정보를 가지고 있으며 용어 간의 동시출현빈도를 기반으로 용어 간의 유사도를 산출한 후 이를 의미망으로 표현한 것이다.

반면에, 시소러스기반 지식베이스는 전통적인 시소러스를 의미망 구조의 지식베이스로 재구축한 것으로서 시소러스 내에 나타난 용어 간의 어의적 관계에 적절한 관계값을 부여하여 의미망으로 표현한 것이다. 문헌기반 지식베이스와 달리 이 지식베이스를 대상으로 개념확장을 할 경우에는 문헌 데이터베이스에 대한 접근정보를 별도로 구축해야 하는데, 이러한 필요에 의해 구축된 지식베이스가 도치색인파일이다. 개념기반 검색모형은 시소러스기반 지식베이스를 대상으로 개념확장을 한 후 확장된 최종 탐색문을 가지고 도치색인파일을 탐색하여 문헌검색을 수행한다. 시소러스기반 지식베이스의 단점은 개념확장 시 문헌에 출현한 용어와 일치되는 용어로 개념확장을 하기보다는 특정 주제 분야의 전체 용어 중에서 의미적으로 가까운 거리의 용어로 개념확장을 하기 때문에 확장된 용어가 초기 탐색어와 어의적으로 매우 밀접한 관련이 있더라도 그 용어가 실제 문헌 집단에 출현하지 않는 경우가 많으며 따라서 개념확장 효과가 크게 향상되지 않을 수도 있다.

따라서 이 책에서는 문헌기반 지식베이스와 시소러스기반 지식베이스를 통합함으로써 두 지식베이스의 장점을 모두 취하고자 하였다. 즉, 문헌기반 지식베이스만을 대상으로 하였을 때는 부적합한 용어로 확장될 수 있으나 시소러스기반 지식베이스를 통합함으로써 보다 적절한 용어들로 확장될 수 있도록 하고자 하였다.

그러나 주제 분야별 시소러스가 구축되어 있지 않는 상황에서는 위의 통합형 지식베이스의 성능이 높게 나타나더라도 활용도가 높지 않을 수 있다. 따라서 문헌 데이터베이스로부터 인간의 손을 거치지 않고 문헌기반 지식베이스를 자동으로 구축하고, 이 문헌기반 지식베이스의 용어에 대하여 최소한 동의어 처리를 해줌으로써 검색성능을 높일 수 있을 것으로 가정하고 문헌기반 지식베이스에 동의어를 통합함으로써 동의어 처리형 지식베이스를 구축하였다.

제5장 지식베이스 유형별 개념기반 검색의 성능비교

5.1 유형별 지식베이스 구축

의미망 구조의 지식베이스를 구축하는 방법은 다양하지만 이 책에서는 크게 네 가지 방법으로 구분하였다.

첫째, 시스템에 입력된 문헌 데이터베이스를 기반으로 지식베이스를 구축하는 방법이다. 이 방법에 의해 구축된 지식베이스는 문헌기반 지식베이스이며 실험 1에서 사용되었다.

둘째, 전통적인 시소러스를 활용하는 방법으로서, 구축된 문헌 데이터베이스와 관련된 분야의 시소러스를 채택하여 개념확장에 이용할 수 있다. 전통적인 시소러스를 개념확장을 위해 의미망 구조로 표현하여 시소러스기반 지식베이스를 구축하였다.

셋째, 시소러스기반 지식베이스에 문헌기반 지식베이스를 통합하여 통합형 지식베이스를 구축하였다. 검색 대상이 되는 문헌들로부터 용어 간의 관계를 통계적으로 산출하여 문헌기반 지식베이스를 구축한 후 인간 전문가에 의해 그 관계가 명확하게 규정된 시소러스를 참조함으로써 지식베이스를 보다 완전하게 구축할 수 있을 것이다. 즉, 시소러스와 문헌 모두를 지식베이스 구축에 활용함으로써 지식베이스의 정확성을 증가시키고 검색효율을 향상시킬 수 있을 것이다.

넷째, 전통적인 시소러스의 어의적 관계 중 동의어 관계에 있는 용어만을 추출한 후 문헌기반 지식베이스에 반영하여 동의어 처리형 지식베이스를 구축하였다.

5.1.1 시소러스기반 지식베이스

이 책에서 사용된 실험데이터는 경제학 분야 정기간행물 기사의 초록으로서 시소러스기반 지식베이스 구축을 위해 선택한 시소러스는 동일한 주제 분야를 다루고 있는 한국경제신문사의 〈경제신문 시소러스〉이다.

이 시소러스는 용어와 용어 간의 관계를 이미 가지고 있기 때문에 의미망 구조로 쉽게 표현될 수 있다. 이 실험에서는 초기 지식베이스를 구축하기 위해 경제신문 시소러스에 나타난 모든 관계에 값을 부여하여 의미망으로 표현하였다. 즉, 관계값이 링크 가중치로 사용되는 것이다. 여기에는 총 5개의 관계가 나타나는데 BT, NT, RT, USE/UF가 그것이다. 일반적으로 관계값의 범위는 0부터 1까지이며 용어 간의 의미적 관계가 동의어 수준일 때 1의 값을 부여한다.

본 실험에서는 USE/UF에는 가장 높은 관계값 즉, 1의 값을 부여하였다. 그리고 BT/NT/RT 관계에는 각각 0.3/0.6/0.1의 값을 부여하였다. 예를 들어 "해외진출"이라는 디스크립터와 의미관계가 있는 용어들을 의미망 구조로 표현하면 〈그림 5.1〉과 같다.

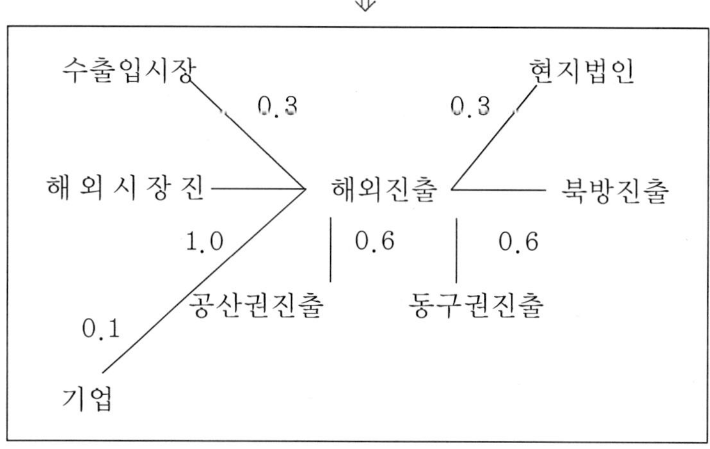

<그림 5.1> 전통적인 시소러스의 의미망 표현

5.1.2 통합형 지식베이스

문헌기반 지식베이스는 시스템에 입력된 문헌을 분석하여 그 문헌들에서 발견된 용어와 용어 간의 관계만을 가지고 구축한 지식베이스이다. 이 지식베이스는 주제전문가에 의해 명확하게 정의된 용어 간의 관계정보가 반영되지 않고 오로지 통계적으로 산출된 정보 즉, 두 용어의 동시출현빈도만을 기반으로 구축되었기 때문에 다소 부정확한 의미망이 구축될 수 있다.

따라서 이 책에서는 특정 주제 분야의 전문가가 용어 간의 어의적 관계를 명확하게 정의해 놓은 시소러스 사전을 지식베이스 구축에 활용하였다. 이와 같이 시소러스와 문헌 모두를 이용하여 지식베이스를 구축하기 위해 먼저, 앞 절에서 구축한 시소러스기반 지식베이스를 초기 지식베이스로 사용하였다. 다음으로 실험 1에서 구축된 문헌기반 지식베이스를 초기 지식베이스에 통합하였다.

용어 간의 링크 가중치는 초기 지식베이스가 가지는 용어 간의 관계값과 문헌으로부터 산출된 용어 간의 유사도 값을 합하여 2로 나눈값이 된다. 예를 들어, 초기 지식베이스 내에 "해외진출"이라는 용어와 "수출입시장"이라는 용어가 있다고 하자. 초기 지식베이스에서 두 용어 간의 관계값이 0.3이라고 하고, 문헌집합을 분석하여 발견된 두 용어 간의 유사도 값이 0.43이라고 할 때 이 두 용어 간의 새로운 유사도 값 즉, 링크 가중치는 0.365가 된다.

위의 경우는 두 용어가 초기 지식베이스에도 나타나고 문헌집합에도 발견되는 경우이다. 그러나 문헌집합을 분석한 결과 연관성이 있는 두 용어가 발견되었는데 이 용어 중 하나만 초기 지식베이스에서 발견되고 나머지 한 용어가 발견되지 않는다면 초기 지식베이스에 새로운 용어와 그 용어와의 링크 가중치에 대한 정보가 추가되어야 한다. 또한 초기 지식베이스에는 없었던 두 용어가 새로운 연관성을 가지고 지식베이스에 추가되는 경우도 발견할 수 있다.

5.1.3 동의어 처리형 지식베이스

이 지식베이스는 전통적인 시소러스에 나타난 USE/UF 관계만을 문헌기반 지식베이스에 통합하여 구축한 지식베이스이다. 문헌기반 지식베이스에 동의어 관계에 있는 용어를 적절히 표현하기 위해 USE/UF 관계에 관계값으로 1을 부여하였다. 통합형 지식베이스를 구축할 때와 마찬가지로 다음과 같이 세 가지 경우가 발생한다. 첫째, 두 용어가 문헌집합에도 나타나고 시소러스에서도 발견되는 경우이다. 이 경우 두 용어 간의 유사도 값을 무조건 시소러스에 나타난 값 즉, 1로 대체하도록 하였다. 둘째, 시소러스 내의 동의어 관계에 있는 두 용어 중 하나만 문헌기반 지식베이스에서 발견되고 나머지 하나는 발견되지 않는 경우, 이 용어를 지식베이스에 추가하고 용어 간의 유사도 값은 1로 하였다. 셋째, 동의어 관계에 있는 두 용어가 문헌기반 지식베이스에서 하나도 발견되지 않는 경우 두 용어가 새로운 연관성을 가지고 지식베이스에 추가되도록 하였다.

5.2 실험결과 분석

5.2.1 검색 조건의 변화에 따른 성능 분석

다양한 방법으로 구축된 의미망 구조의 지식베이스를 대상으로 한 순차적 bnb 알고리즘에 대한 검색성능 평가도 실험 1에서 사용하였던 탐색문 30개에 대하여 수행하였다. 본 실험에서도 실험 1에서와 같이 검색 조건을 최대 확장용어의 수(p)와 확장될 용어의 최저 가중치(W_p)를 12가지 경우로 조합하여 검색실험을 수행하였으며, 또한 검색결과 문헌을 상위 10건, 20건, 30건에서 각각 분석하였다.

〈표 5.1〉은 네 개의 지식베이스에 순차적 bnb 알고리즘을 적용하여 수행된 개념기반 검색결과 중 상위 10건까지의 재현율 및 정확률이다. 〈그림 5.2〉와 〈그림 5.3〉은 각각 〈표 5.1〉을 기초로 하여 네 개의 지식베이스에 대한 재현율과 정확률을 비교한 것이다.

표에서 보듯이 네 개 지식베이스의 정확률은 거의 비슷하였고 재현율에 있어서도 큰 차이를 보이지 않았다. 〈그림 5.2〉에서 보면, 확장용어 수를 8개로 하였을 때에 네 개의 지식베이스는 거의 비슷한 성능을 보여 주고 있으나 확장용어 수를 늘리면 재현율의 차이가 커졌다. 예를 들어, 확장용어 가중치를 0.2로 하고 확장용어 수를 8개에서 16개로 늘렸을 경우 문헌기반 지식베이스는 10% 정도 낮아졌으며 동의어 처리형 지식베이스, 시소러스기반 지식베이스, 그리고 통합형 지식베이스는 각각 7.6%, 3%,

0.7% 정도 낮아졌다. 이와 같이 확장용어 수를 늘릴수록 재현율이 낮아지는 현상은 문헌기반 지식베이스에서 두드러지게 나타나는데, 이는 다른 지식베이스와 달리 문헌기반 지식베이스는 용어의 문헌 내 동시출현빈도만으로 산출된 유사도를 기반으로 개념확장을 하기 때문에 확장용어 가중치가 낮을 경우 의미적으로 거의 관련이 없는 용어로 확장될 가능성이 높아지기 때문이다. 반면에, 통합형 지식베이스나 동의어 처리형 지식베이스는 어의적으로 관련이 있는 용어를 확장용어로 포함시켜 줌으로써 너무 낮은 유사도를 갖는 용어로 확장될 수 있는 가능성을 배제시켜 준다. 한편, 확장용어 가중치가 0.4 이상이 되면 확장용어 수의 변화에도 불구하고 네 개 지식베이스의 재현율은 거의 비슷해진다. 문헌기반 지식베이스는 낮은 확장용어 가중치에서 확장용어 수의 영향을 가장 많이 받는 것으로 나타났고, 통합형 지식베이스는 확장용어 수의 영향을 거의 받지 않는 것으로 나타났다.

<표 5.1> 지식베이스별 개념확장 알고리즘의 검색효율
비교(검색결과 10건)

성능 / 확장조건	재현율				정확률			
	문헌기반_KB	시소러스기반_KB	통합형_KB	동의어처리형_KB	문헌기반_KB	시소러스기반_KB	통합형_KB	동의어처리형_KB
8 / 0.2	0.5696	0.5722	0.5785	0.5751	0.5267	0.4933	0.5033	0.4967
12 / 0.2	0.5552	0.5666	0.5856	0.5703	0.5067	0.4900	0.5067	0.5033
16 / 0.2	0.5174	0.5555	0.5744	0.5341	0.4767	0.4867	0.5133	0.4800
8 / 0.3	0.5696	0.5722	0.5785	0.5751	0.5267	0.4933	0.5033	0.4967
12 / 0.3	0.5552	0.5666	0.5881	0.5703	0.5067	0.4900	0.5100	0.5033
16 / 0.3	0.5119	0.5555	0.5744	0.5341	0.4733	0.4867	0.5133	0.4800
8 / 0.4	0.5580	0.5722	0.5737	0.5703	0.5167	0.4933	0.5000	0.4933
12 / 0.4	0.5330	0.5722	0.5808	0.5633	0.4967	0.4933	0.5033	0.4967
16 / 0.4	0.5227	0.5611	0.5696	0.5532	0.4900	0.4900	0.5100	0.4933
8 / 0.5	0.5751	0.5722	0.5696	0.5696	0.5133	0.4933	0.4933	0.4933
12 / 0.5	0.5655	0.5722	0.5625	0.5625	0.5067	0.4933	0.4967	0.4967
16 / 0.5	0.5655	0.5611	0.5595	0.5595	0.5067	0.4900	0.4933	0.4933
평 균	0.5499	0.5666	0.5746	0.5615	0.5039	0.4911	0.5039	0.4939

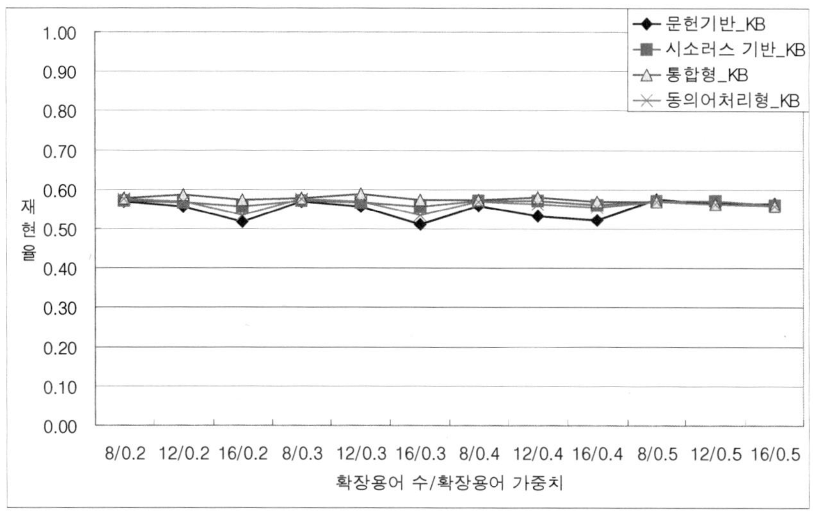

<그림 5.2> 지식베이스별 개념확장 알고리즘의 재현율 비교(검색결과 10건)

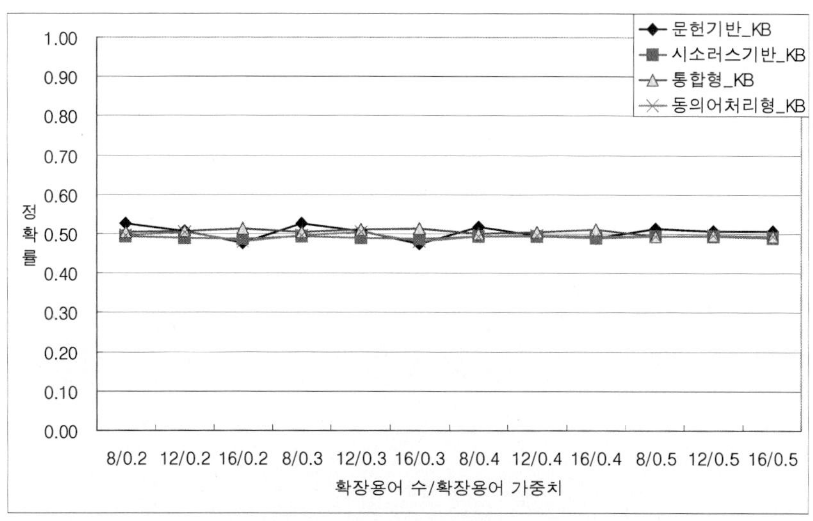

<그림 5.3> 지식베이스별 개념확장 알고리즘의 정확률 비교(검색결과 10건)

〈표 5.2〉는 개념기반 검색결과 중 상위 20건까지의 재현율 및 정확률의 평균이고 〈그림 5.4〉는 〈표 5.2〉를 기초로 하여 네 개의 지식베이스에 대한 재현율을 비교한 것이며, 〈그림 5.5〉는 동일한 기준에서 정확률을 비교한 것이다.

표에서 보듯이 검색문헌 수를 10건으로 하였을 때와 마찬가지로 네 개 지식베이스의 정확률은 거의 비슷하다는 것을 알 수 있다. 재현율에 있어서는 평균적으로 볼 때 통합형 지식베이스의 성능이 비교적 높지만, 재현율이 가장 낮은 시소러스기반 지식베이스에 비해 3.4% 정도의 매우 적은 차이를 보이고 있었다. 문헌기반 지식베이스는 검색문헌 수를 10건으로 하였을 때와 마찬가지로 확장용어 수를 많게 할 때보다 적게 하였을 때 재현율이 더 높게 나타났으나 시소러스기반 지식베이스와 통합형 지식베이스는 확장용어 수를 적게 할 때보다 많게 하였을 때 오히려 재현율이 높게 나타났다. 통합형 지식베이스에서 확장용어 가중치가 0.3인 경우를 보면, 확장용어 수가 16개일 때 재현율은 0.7785로 확장용어 수를 8개로 하였을 때보다 약 4.5% 정도 높게 나타났다.

<표 5.2> 지식베이스별 개념확장 알고리즘의 검색효율 비교(검색결과 20건)

성능 확장 조건	재 현 율				정 확 률			
	문헌 기반 _KB	시소러 스기반 _KB	통합형 _KB	동의어 처리형 _KB	문헌 기반 _KB	시소러 스기반 _KB	통합형 _KB	동의어 처리형 _KB
8 / 0.2	0.7633	0.7293	0.7451	0.7458	0.3617	0.3467	0.3567	0.3550
12 / 0.2	0.7367	0.7238	0.7552	0.7769	0.3550	0.3450	0.3583	0.3633
16 / 0.2	0.7044	0.7472	0.7785	0.7440	0.3433	0.3500	0.3650	0.3533
8 / 0.3	0.7633	0.7293	0.7451	0.7458	0.3617	0.3467	0.3567	0.3550
12 / 0.3	0.7367	0.7238	0.7552	0.7769	0.3550	0.3450	0.3583	0.3633
16 / 0.3	0.6977	0.7472	0.7785	0.7440	0.3400	0.3500	0.3650	0.3533
8 / 0.4	0.7673	0.7260	0.7451	0.7485	0.3650	0.3450	0.3567	0.3567
12 / 0.4	0.7642	0.7260	0.7552	0.7761	0.3617	0.3450	0.3583	0.3617
16 / 0.4	0.7663	0.7457	0.7785	0.7779	0.3633	0.3483	0.3650	0.3650
8 / 0.5	0.7481	0.7260	0.7418	0.7418	0.3633	0.3450	0.3550	0.3550
12 / 0.5	0.7433	0.7260	0.7535	0.7535	0.3617	0.3450	0.3600	0.3600
16 / 0.5	0.7433	0.7290	0.7525	0.7525	0.3617	0.3467	0.3600	0.3600
평 균	0.7446	0.7316	0.7570	0.7570	0.3578	0.3465	0.3596	0.3585

116

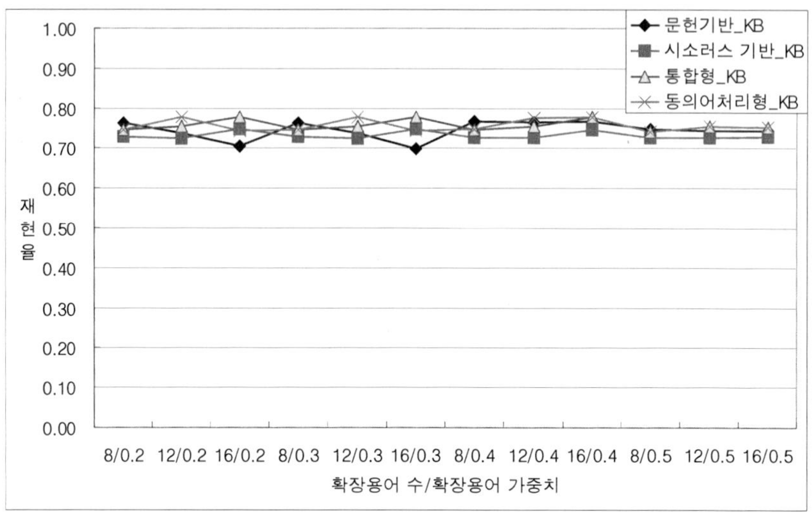

<그림 5.4> 지식베이스별 개념확장 알고리즘의 재현율
비교(검색결과 20건)

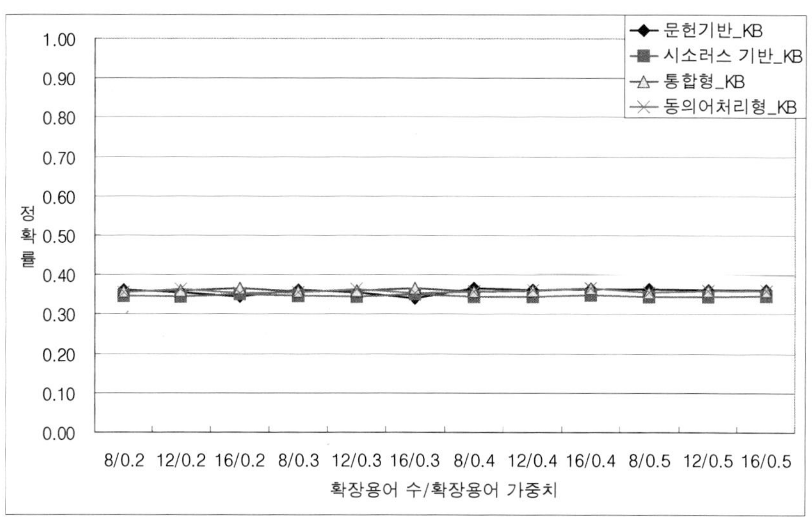

<그림 5.5> 지식베이스별 개념확장 알고리즘의 정확률
비교(검색결과 20건)

〈표 5.3〉은 개념기반 검색결과 중 상위 30건까지의 재현율 및 정확률이다. 〈그림 5.6〉은 〈표 5.3〉을 기초로 하여 네 개의 지식베이스에 대한 재현율을 비교한 것이며 〈그림 5.7〉은 동일한 기준에서 정확률을 비교한 것이다.

검색문헌 수를 30건으로 하였을 경우에도 평균적으로 보았을 때 정확률은 네 개의 지식베이스 간에 거의 차이가 없었고 재현율도 거의 비슷하였다.

문헌기반 지식베이스는 확장용어 수를 8개로 하였을 때 비교적 높은 검색성능을 보여 주었고 확장용어 수를 16개로 하였을 때는 확장용어 가중치의 변화에 따라 다른 세 개의 지식베이스보다 낮거나 비슷한 검색성능을 보여 주었다. 시소러스기반 지식베이스와 통합형 지식베이스는 확장용어 가중치보다 확장용어 수의 영향을 더 많이 받는 것으로 나타났다. 동의어 처리형 지식베이스는 확장용어 가중치가 0.2나 0.3인 경우, 확장용어 수를 8개로 하였을 때가 12개나 16개로 하였을 때보다 재현율이 더 높게 나타났으나 확장용어 가중치를 0.4나 0.5로 하였을 경우에는 확장용어 수를 늘릴수록 성능이 조금씩 향상되었다.

<표 5.3> 지식베이스별 개념확장 알고리즘의 검색효율
비교(검색결과 30건)

성능 확장 조건	재 현 율				정 확 률			
	문헌 기반 _KB	시소러 스기반 _KB	통합형 _KB	동의어 처리형 _KB	문헌 기반 _KB	시소러 스기반 _KB	통합형 _KB	동의어 처리형 _KB
8 / 0.2	0.8679	0.8329	0.8380	0.8444	0.2867	0.2811	0.2811	0.2767
12 / 0.2	0.8114	0.8274	0.8516	0.8438	0.2789	0.2800	0.2822	0.2822
16 / 0.2	0.7941	0.8385	0.8603	0.8230	0.2733	0.2811	0.2844	0.2800
8 / 0.3	0.8568	0.8329	0.8380	0.8444	0.2856	0.2811	0.2811	0.2767
12 / 0.3	0.8099	0.8274	0.8516	0.8438	0.2778	0.2800	0.2822	0.2822
16 / 0.3	0.7859	0.8385	0.8603	0.8230	0.2700	0.2811	0.2844	0.2800
8 / 0.4	0.8682	0.8296	0.8380	0.8416	0.2867	0.2800	0.2811	0.2756
12 / 0.4	0.8503	0.8296	0.8516	0.8624	0.2844	0.2800	0.2822	0.2867
16 / 0.4	0.8436	0.8407	0.8603	0.8679	0.2822	0.2811	0.2844	0.2900
8 / 0.5	0.8594	0.8296	0.8347	0.8339	0.2878	0.2800	0.2800	0.2789
12 / 0.5	0.8567	0.8296	0.8516	0.8516	0.2878	0.2800	0.2856	0.2856
16 / 0.5	0.8567	0.8407	0.8556	0.8556	0.2878	0.2811	0.2878	0.2878
평 균	0.8384	0.8331	0.8493	0.8446	0.2824	0.2806	0.2830	0.2819

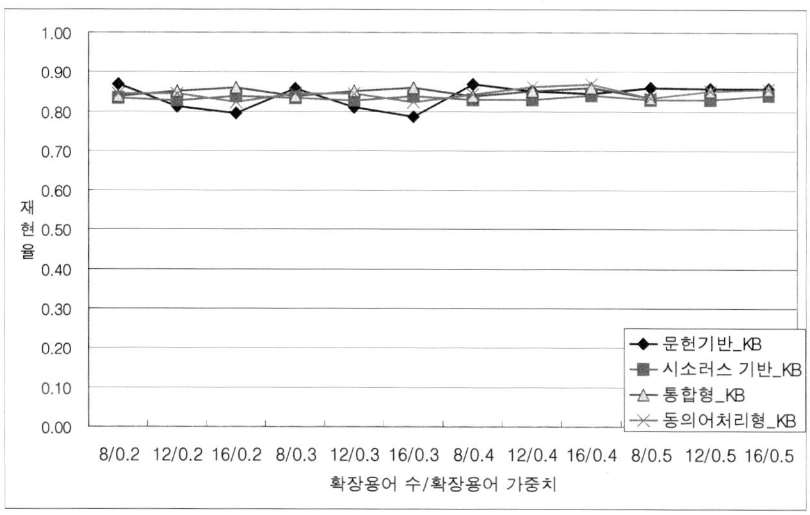

<그림 5.6> 지식베이스별 개념확장 알고리즘의 재현율 비교(검색결과 30건)

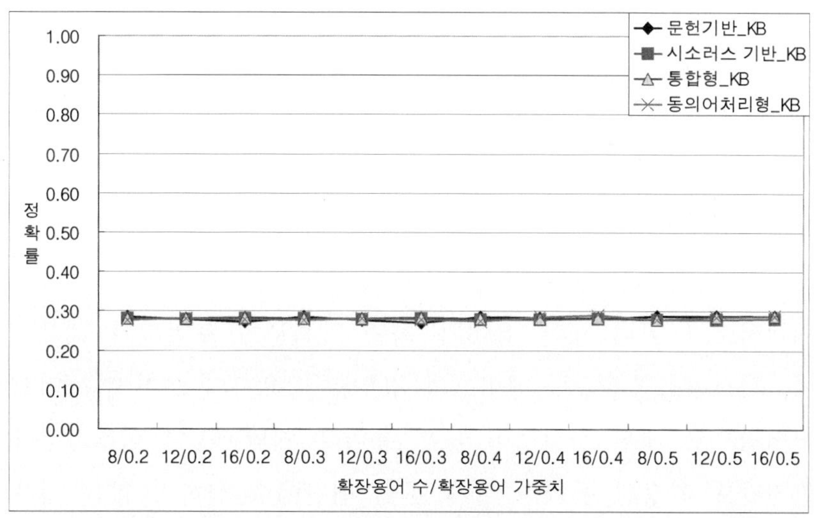

<그림 5.7> 지식베이스별 개념확장 알고리즘의 정확률 비교(검색결과 30건)

〈표 5.4〉는 다양한 개념확장 조건에 의해 산출된 각 재현율과 정확률의 평균을 검색문헌 수별로 비교한 것이다. 검색문헌 수를 10건, 20건, 30건으로 한 모든 경우에 정확률에 대한 평균은 거의 차이가 없는 것으로 나타났다. 재현율에 있어서 검색문헌 수를 10건, 20건, 30건으로 한 모든 경우에 통합형 지식베이스의 성능이 약간 더 높게 나타났지만 성능 차이가 크게 발생하지는 않는 것으로 보인다.

검색문헌 수를 10건으로 하였을 때의 재현율을 보면 통합형 지식베이스가 비교적 높게 나타났고 다음으로 시소러스기반 지식베이스, 동의어 처리형 지식베이스 순이며, 문헌기반 지식베이스가 가장 낮은 검색성능을 보여 주었다. 검색문헌 수를 20건과 30건으로 한 경우에는 통합형 지식베이스의 재현율과 정확률이 가장 높게 나타났고 다음으로 동의어 처리형 지식베이스, 문헌기반 지식베이스 순으로 나타났고 시소러스기반 지식베이스의 성능이 가장 낮게 나타났다.

문헌기반 지식베이스와 시소러스기반 지식베이스이 성능이 비교적 낮게 나타난 이유는 문헌기반 지식베이스의 경우 용어의 문헌 내 동시출현빈도에 의해 용어 간의 유사도를 산출하여 구축되었기 때문에 이 지식베이스를 대상으로 개념확장을 한 경우 의미적으로 관련 없는 용어가 최종 탐색문에 포함되기 때문이며, 시소러스기반 지식베이스의 경우는 이용자의 초기 탐색어가 어의적으로 매우 관련성이 높은 용어로 개념확장이 이루어졌다 할지라도 확장된 용어가 실제 문헌 집단에 출현하지 않는 경우가 많기 때문인 것으로 분석된다.

반면에, 통합형 지식베이스 및 동의어 처리형 지식베이스의 성능이 비교적 높게 나타난 것은 문헌기반 지식베이스를 대상으로 하였을 때 매우 낮은 유사도를 갖는 용어로 확장될 수 있는 가능성을 배제하고 시소러스기반 지식베이스의 통합으로 인하여 어의적으로 관련 있는 용어로 확장하게 함으로써 초기 탐색어와 비교적 높은 유사도를 갖는 용어로 개념확장이 이루어지게 하기 때문인 것으로 보인다.

<표 5.4> 지식베이스별 검색효율 평균 비교

성능 검색 문헌수	재 현 율				정 확 률			
	문헌 기반 _KB	시소러 스기반 _KB	통합형 _KB	동의어 처리형 _KB	문헌 기반 _KB	시소러 스기반 _KB	통합형 _KB	동의어 처리형 _KD
10 건	0.5498	0.5666	0.5746	0.5614	0.5039	0.4911	0.5038	0.4938
20 건	0.7445	0.7316	0.7570	0.7569	0.3577	0.3465	0.3595	0.3584
30 건	0.8384	0.8331	0.8493	0.8446	0.2824	0.2805	0.2830	0.2818
평 균	0.7109	0.7104	0.7269	0.7209	0.3813	0.3727	0.3821	0.378

5.2.2 표준재현율에서의 정확률 비교

<표 5.5>는 네 개의 지식베이스에 대한 표준재현율에서의 정확률을 수록하고 있는데, 확장용어 수와 확장용어 가중치를 각각 8개와 0.4로 하고 검색문헌 수를 30건으로 제한했을 때의 검색 실험결과만을 분석하였다. 이는 검색문헌 수를 10건이나 20건으로 하였을 때의 실험결과를 포함시킬 경우 보간법을 적용

한다 하더라도 보간율이 커져서 제대로 정확률을 산출할 수 없기 때문이다.

본 실험에서는 검색문헌 수를 30건으로 하여 탐색문 30개에 대한 검색 실험결과를 분석하고 표준재현율에서의 정확률을 구했다. 〈그림 5.8〉은 〈표 5.5〉를 기초로 작성한 것이다. 표준재현율에서 정확률을 비교 분석한 결과, 네 개의 지식베이스에 대한 검색효율이 큰 차이를 보이고 있지 않으나 표준재현율 0.1에서는 시소러스기반 지식베이스가 가장 높은 검색성능을 보여 주고 있고, 다음으로 문헌기반 지식베이스가 높으며 통합형 지식베이스 및 동의어 처리형 지식베이스가 낮게 나타났다. 이는 시소러스기반 지식베이스의 경우 다른 지식베이스에 비해 상위 순위에서 적합문헌이 많이 발견되는 것을 의미한다.

표준재현율 0.2에서 0.6까지는 문헌기반 지식베이스의 검색성능이 가장 높게 나타나고 나머지 세 개의 지식베이스는 유사한 성능을 보였다. 따라서 문헌기반 지식베이스는 중간 순위에서 적합문헌이 많이 발견된다고 할 수 있다.

표준재현율 0.7과 0.9 사이에서는 동의어 처리형 지식베이스가 비교적 높은 검색효율을 보이고 있는데, 이 지식베이스의 경우 하위 순위에서 적합문헌이 많이 발견된다고 볼 수 있다.

<표 5.5> 지식베이스별 표준재현율 기준시 정확률

표준재현율	정 확 률			
	문헌기반_KB	시소러스 기반_KB	동의어 처리형_KB	통합형_KB
0.0	1.0000	1.0000	1.0000	1.0000
0.1	0.7669	0.8157	0.7003	0.6996
0.2	0.6943	0.6530	0.6125	0.6254
0.3	0.6681	0.6245	0.6135	0.6104
0.4	0.6218	0.5723	0.5835	0.5778
0.5	0.5692	0.5391	0.5283	0.5462
0.6	0.5161	0.4850	0.4864	0.5022
0.7	0.4222	0.4010	0.4179	0.4754
0.8	0.3503	0.2947	0.3029	0.3878
0.9	0.2967	0.3038	0.3019	0.3176
1.0	0.3297	0.3375	0.3354	0.3166

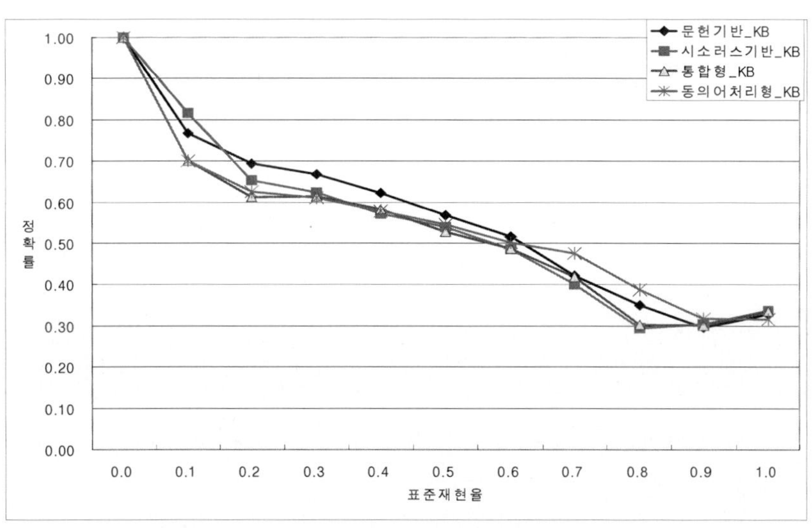

<그림 5.8> 지식베이스별 표준재현율 기준 시 정확률

5.2.3 개념확장 시간의 비교

본 실험에서는 순차적 bnb 알고리즘을 이용하여 네 개의 지식베이스를 대상으로 개념확장을 하였을 때의 개념확장 시간을 각각 비교 분석하였다. 하나의 동일한 알고리즘이 각각 다른 지식베이스를 기반으로 개념확장을 수행하는데 소요된 시간은 〈표 5.6〉과 같고 〈그림 5.9〉는 〈표 5.6〉을 그림으로 표현한 것이다.

〈표 5.6〉은 탐색문 30개에 대하여 개념확장을 하는 데 소요된 시간들의 평균으로서 표에서 보듯이 시소러스기반 지식베이스를 대상으로 개념확장을 하였을 때 시간이 가장 오래 걸리는 것으로 나타났다. 그 이유는 이 지식베이스를 기반으로 개념확장을 할 경우 확장용어 수와 확장용어 가중치 등 개념확장 조건에 적합한 용어를 찾기 위해 초기 탐색어로부터 먼 단계까지 개념확장이 수행되었기 때문인 것으로 분석된다.

동의어 처리형 지식베이스는 확장용어 수와 확장용어 가중치가 각각 8개와 0.2인 조건에서는 다른 지식베이스보다 개념확장 시간이 길지만 확장용어 가중치가 0.3 이상에서는 개념확장이 비교적 빠르게 진행되었음을 알 수 있다.

한편, 문헌기반 지식베이스와 통합형 지식베이스는 확장용어 가중치가 0.2인 경우에는 확장 조건을 만족하는 용어를 비교적 빨리 발견한다는 것을 알 수 있고 확장용어 가중치가 0.3 이상인 조건에서는 확장용어 수의 변화와 무관하게 개념확장에 시간이 오래 걸렸음을 알 수 있다.

<표 5.6> 지식베이스별 개념확장 시간 비교

지식베이스 평균소요시간	문헌기반 _KB	시소러스기반 _KB	통합형 _KB	동어의처리 형_KB
8 / 0.2	0.2186	0.2239	0.2088	0.7050
8 / 0.3	0.8120	0.8858	0.6784	0.7507
8 / 0.4	0.7770	0.8616	0.8517	0.7279
8 / 0.5	0.8302	0.8536	0.7864	0.7493
12 / 0.2	0.3364	0.8630	0.2831	0.7531
12 / 0.3	0.8470	0.8889	0.7698	0.7251
12 / 0.4	0.8024	0.8530	0.7902	0.7257
12 / 0.5	0.7309	0.8536	0.8110	0.8386
16 / 0.2	0.3577	0.8644	0.3810	0.7290
16 / 0.3	0.7664	0.9000	0.6575	0.7490
16 / 0.4	0.7765	0.8555	0.8002	0.7254
16 / 0.5	0.8103	0.8486	0.8101	0.8040

126

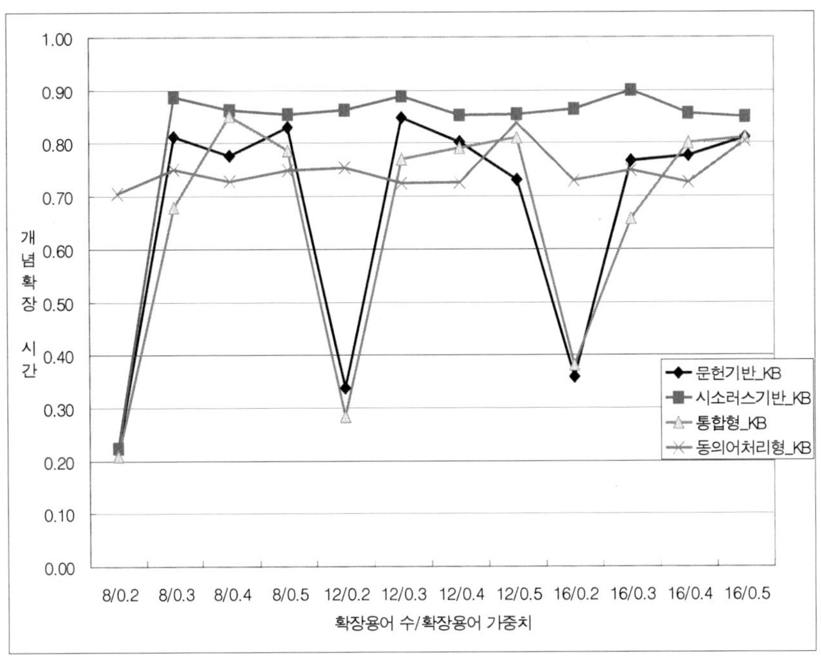

<그림 5.9> 지식베이스별 개념확장 시간 비교

제6장 요약 및 결론

개념기반 정보검색은 의미망 구조의 지식베이스를 기반으로 초기 탐색문에 대한 개념확장을 수행한 후 확장된 탐색문을 가지고 최종 탐색을 수행하는 검색 기법이다. 이용자는 실제 탐색을 수행할 때 자신이 원하는 자료를 검색하기 위해 질문을 표현함에 있어 개념을 정확하게 표현하지 못하거나 관련된 용어를 미리 생각해 내지 못하는 경향이 있다. 이러한 문제를 해결하기 위해 사용되는 기법이 개념기반 검색인 것이다. 개념기반 검색모형은 문헌기반 지식베이스나 전통적인 시소러스를 대상으로 초기 탐색문과의 유사도를 신출한 다음 확장 담색문으로 검색을 수행한다.

이 책에서는 다양한 개념확장 검색모형을 실험하여 가장 우수한 개념확장 알고리즘을 발견하고 효율적인 개념확장 검색모형을 제시하고자 하였다. 이를 위해 실험 1에서는 문헌기반 지식베이스를 이용하여 위 세 개의 개념확장 알고리즘을 비교 평가하였다. 한편, 통계적 기법인 불논리 검색 기법의 단점을 보완하기 위해 등장한 P-norm 검색모형과도 비교 평가하였다.

순차적 bnb 알고리즘, 병렬적 bnb 알고리즘, 그리고 홉필드 넷 알고리즘을 비교 평가한 실험 1의 결과는 다음과 같다.

첫째, 탐색문 30개에 대하여 수행된 개념기반 검색실험에서 검색문헌 수를 상위 10건으로 제한하여 검색효율을 측정한 결과, 세 개의 개념확장 알고리즘의 검색성능이 거의 비슷하게 나타났으나 홉필드 넷 알고리즘은 다른 두 개의 알고리즘에 비해 검색효율이 약간 더 높게 나타났다. 홉필드 넷 알고리즘은 특히 확장용어 가중치가 낮은 지점 즉, 0.2와 0.3인 경우에 검색효율이 좋았으며 확장용어 가중치가 0.3 이상인 조건에서는 bnb 알고리즘과 같거나 약간 낮게 나타났다. 순차적 bnb 알고리즘은 낮은 확장용어 가중치와 많은 확장용어 수를 적용하여 개념확장을 했을 때 매우 낮은 검색성능을 보여 주었다. 즉, 확장용어 수와 확장용어 가중치를 각각 16개와 0.2로 하였을 때 가장 낮은 검색성능을 나타냈다.

둘째, 검색문헌 수를 20건으로 하였을 때는 순차적 bnb 알고리즘의 검색성능이 비교적 높게 나타났다. 홉필드 넷 알고리즘은 확장용어 가중치를 0.3 이하로 하였을 때 병렬적 bnb 알고리즘보다 검색효율이 높지만 확장용어 가중치가 0.4 이상인 조건에서는 병렬적 bnb 알고리즘이 더 높은 검색성능을 보여 주었다. 세 알고리즘 모두 확장용어 가중치가 0.4 이하일 때는 확장용어 수를 8개로 하였을 때 높은 검색성능을 보여 주지만 확장용어 가중치가 0.5를 넘으면 확장용어 수의 증가에도 불구하고 성능 차이가 크게 발생하지 않는 것을 알 수 있다.

셋째, 검색문헌 수를 30건으로 하여서 검색성능을 측정한 결과 알고리즘별 재현율 차이가 뚜렷해지는 반면 정확률은 비슷해지는 것을 알 수 있다. 검색문헌 수를 30건으로 하였을 때에는 순차적 bnb 알고리즘의 성능이 가장 높게 나타났으며 확장용어 수가 적을수록 검색성능이 높았다. 병렬적 bnb 알고리즘은 확장용어 가중치가 0.3 이하인 지점에서는 홉필드 넷 알고리즘보다 낮지만 0.4 이상에서는 홉필드 넷 알고리즘보다 검색성능이 높게 나타났다. 확장용어 수 및 확장용어 가중치가 각각 16개와 0.3, 8개와 0.4인 지점의 재현율을 비교해 보면, 16개와 0.3인 지점에서 병렬적 bnb 알고리즘은 0.7285로 홉필드 넷 알고리즘의 0.8179보다 약 12.3% 낮지만 8개와 0.4인 지점에서는 병렬적 bnb 알고리즘의 재현율이 0.8246으로 홉필드 넷 알고리즘의 0.8061보다 약 2.3% 높게 나타났다. 또한 병렬적 bnb 알고리즘은 확장용어 수와 확장용어 가중치를 각각 16개와 0.3에서 8개와 0.4로 변수 조정을 하였을 때 재현율이 0.7285에서 0.8246으로 약 13.2% 정도 향상되었다.

이 실험에서 나타난 세 알고리즘의 공통적인 특징은 첫째, 확장용어 가중치가 높을 경우 확장용어 수를 8개에서 16개로 변화시켜도 성능이 크게 높아지거나 낮아지지 않는다는 것이다. 예를 들어, 검색문헌 수를 10건으로 한 경우의 홉필드 넷 알고리즘은 재현율과 정확률이 각각 0.5685, 0.4933으로 모두 동일했고, 검색문헌 수를 20건, 30건으로 하였을 때에도 동일한 현상이 나타났다.

둘째, 확장용어 수가 많고 확장용어 가중치가 낮은 경우에 매우 낮은 검색효율을 나타냈다. 세 알고리즘 모두 확장용어 수와 확장용어 가중치를 16개와 0.2, 16개와 0.3으로 하였을 때 검색성능이 매우 낮게 나타났다.

위의 실험결과를 종합하여 분석하여 보면, 세 알고리즘의 정확률은 거의 차이가 없는 것으로 보이며 재현율에 있어서도 큰 차이가 발생하지 않았다. 따라서 개념기반 검색시스템을 구축하고자 할 경우 어느 알고리즘을 사용하든지 비슷한 검색성능을 얻을 수 있다는 것을 알 수 있다. 다만, 홉필드 넷 알고리즘을 이용할 경우 확장용어 가중치를 낮게 부여하고, 병렬적 bnb 알고리즘을 이용할 경우 확장용어 가중치를 높게 부여하는 것이

바람직할 것으로 보인다. 또한 좋은 검색결과를 얻기 위해서는 세 알고리즘 모두 많은 확장용어 수와 낮은 확장용어 가중치를 조건으로 부여하는 것은 피하는 것이 바람직하다.

세 개의 개념확장 알고리즘은 P-norm 검색모형과도 비교되었으며 실험결과, 개념기반 검색모형이 P-norm 검색모형보다 재현율과 정확률에 있어 거의 200% 정도 높은 검색성능을 보여 주었다. 이와 같은 성능 차이는 개념확장의 유무에 따른 차이로서 P-norm 검색이 용어 불일치에 의해 검색하지 못하는 문헌을 개념확장 알고리즘은 개념확장 과정을 통해 이용자가 입력한 초기 탐색어와 연관성이 있는 용어를 최종 탐색문으로 포함시킴으로써 이용자의 요구에 적합한 문헌을 검색해 올 수 있기 때문이다.

실험 2에서는 실험 1의 결과를 분석한 후 가장 우수한 검색성능을 보여준 알고리즘을 선택하여 다양한 방법으로 구축된 지식베이스에 적용함으로써 검색성능을 향상시킬 수 있는지를 실험하였다. 실험에 사용된 지식베이스는 실험 1에서 사용된 문헌기반 지식베이스 이외에 시소러스기반 지식베이스, 통합형 지식베이스, 그리고 동의어 처리형 지식베이스이다.

실험 2를 실시한 결과는 다음과 같다.

첫째, 검색문헌 수를 10건, 20건, 30건으로 제한하여 실험한 결과 네 개의 지식베이스에 대한 성능 차이가 크게 발생하지 않는 것을 알 수 있으나 모든 경우에 통합형 지식베이스가 비교적 높은 성능을 보여 주었다. 검색문헌 수를 10건으로 하여 재현율의 평균을 비교하였을 때 문헌기반 지식베이스가 가장 낮은 성능을 보여 주었고, 검색문헌 수를 20건과 30건으로 하였을 때에는 시소러스기반 지식베이스가 가장 낮은 성능을 보여 주었다.

둘째, 문헌기반 지식베이스는 재현율과 정확률 모두 확장용어 수를 8개로 하였을 때 검색성능이 가장 높게 나타났고 확장용어 수를 늘릴수록 성능이 낮아졌다. 특히 확장용어 가중치가 0.2나 0.3과 같이 낮을 경우에는 확장용어 수를 적게 함으로써 좋은 검색결과를 얻을 수 있었다. 확장용어 가중치를 0.4나 0.5로 하였을 경우에는 확장용어 수를 늘려도 검색성능이 크게 떨어지지 않았다.

셋째, 시소러스기반 지식베이스는 확장용어 수와 확장용어 가중치 등 변수 조정의 영향을 많이 받지 않는 것으로 분석되었다. 검색문헌 수를 30건으로 하였을 때 성능이 가장 높은 지점과 낮은 지점의 성능 차이가 2% 정도에 지나지 않았다. 시소러스기반 지식베이스는 확장용어 가중치를 0.5로 올렸을 경우에 확장용어 수의 변화에도 불구하고 성능 차이가 발생하지 않았다.

넷째, 통합형 지식베이스는 확장용어 수를 적게 할 때보다 많게 할 때 오히려 검색성능이 높게 나타났다. 또한 확장용어 가중치보다 확장용어 수의 영향을 더 많이 받는 것으로 나타났다. 30건의 검색문헌 수에 대한 성능평가에서 확장용어 가중치를 0.3으로 하고 확장용어 수를 8개, 12개, 16개로 증가시킬 경우 재현율이 각각 0.8380, 0.8516, 0.8630으로 약간씩 높아 졌음을 알 수 있다. 또한 통합형 지식베이스는 확장용어 가중치를 0.5로 높이면 오히려 재현율과 정확률 모두 낮아지는 것으로 분석되었다.

다섯째, 동의어 처리형 지식베이스는 검색문헌 수를 10건으로 하였을 경우 확장용어 수를 늘릴수록 재현율이 낮아졌다. 검색문헌 수를 20건으로 늘렸을 경우, 확장용어 수를 12개로 하였을 때 주로 성능이 높게 나타났고 확장용어 가중치가 0.4인 지점에서는 확장용어 수를 늘릴수록 성능이 향상되었다. 검색문헌 수를 30건으로 늘리면 확장용어 가중치가 0.2와 0.3일 때는 확장용어 수를 늘릴수록 성능이 낮아지지만 0.4 이상에서는 확장용어 수를 늘릴수록 성능이 향상되는 현상을 보였다.

이 책의 실험 1과 실험 2를 통해 발견한 사실은 다음과 같다.

첫째, 순차적 bnb 알고리즘과 확장 방식을 달리한 새로운 방식의 병렬적 bnb 알고리즘을 실험한 결과, 병렬적 bnb 알고리즘이 순차적 bnb 알고리즘과 유사한 성능을 보여 주고 있다는 것을 발견할 수 있었다. 특히 확장용어 가중치가 0.4 이상인 조건에서는 홉필드 넷 알고리즘보다 검색효율이 좋았다.

둘째, 본래 신경망 구조의 지식베이스에 적용되어 왔던 홉필드 넷 알고리즘을 의미망 구조의 지식베이스에 적용한 결과 홉필드 넷 알고리즘은 낮은 확장용어 가중치 즉, 0.2와 0.3에서는 다른 bnb 알고리즘보다 검색성능이 높게 나타났다. 이는 홉필드 넷 알고리즘이 비교적 엄격한 개념확장을 하기 때문이며 개념확장 가중치를 낮게 하면 좋은 검색결과를 얻을 수 있는 것으로 보인다.

셋째, 개념기반 검색의 성능을 더욱 향상시키기 위해 다양한 지식베이스를 대상으로 실험한 결과 네 개의 지식베이스를 사용한 검색성능에 큰 차이가 발생하지 않는 것으로 나타났다. 특히, 이 책의 실험을 위해 사용된 실험 문헌 집단은 1,024건이고 이들 문헌들로부터 추출된 용어 수는 6,565개인 반면, 전통적인 시소러스의 디스크립터 수는 12,686개로서 실험 문헌 집단의 규모가 시소러스의 규모보다 작아서 문헌기반 지식베이스와 시소러스기반 지식베이스 간에 성능차이가 크게 발생하지 않은 것으로 추측된다. 따라서 실험 문헌 집단의 규모를 크게 할 경우, 시소러스기반 지식베이스를 이용한 개념확장에 의해 발견된 용어가 문헌 데이터베이스에 출현할 가능성이 높아져서 결과적으로 시소러스기반 지식베이스의 성능이 문헌기반 지식베이스의 성능보다 높아질 가능성이 있다. 하지만, 이 책의 실험결과 개념기반 검색대상 지식베이스로서 어느 지식베이스를 선택하든지 유사한 검색효율을 얻을 수 있는 것으로 나타났다.

마지막으로 이 책의 결과를 토대로 한 향후의 연구과제는 다음과 같다.

첫째, 이 책의 실험결과, 비교된 세 개의 알고리즘과 다양한 방법으로 구축된 지식베이스를 사용한 개념기반 검색기법은 검색성능에 있어 큰 차이가 발생하지 않는 것으로 나타났다. 그러나 이 책에서 지식베이스 구축을 위해 사용한 문헌 데이터베이스는 1,024건의 문헌으로 구성되어 비교적 소규모 데이터베이스이므로 대규모 데이터베이스에 개념기반 검색모형을 적용하였을 때에는 어느 정도의 성능 차이가 발생하는지에 대한 비교 연구가 있어야 할 것이다.

둘째, 개념기반 검색에서 지식베이스는 검색성능을 결정하는 요소가 되기도 한다. 따라서 개념기반 검색에서 높은 검색성능을 얻기 위하여 동적 지식베이스를 효과적으로 구축하고 유지할 수 있는 방법이 연구되어야 할 것이다. 일단 구축된 지식베이스가 이용자의 요구를 적절히 반영하기 위해서는 새로운 문헌의 특성을 끊임없이 반영하여야 한다. 지식베이스 갱신방법의 하나는 이용자가 입력한 질문을 분석한 결과 두 개의 용어가 동시에 출현하는 빈도가 높으면, 이 두 용어 간에는 어떤 관련성이 있을 것으로 판단한다. 따라서 이용자가 입력한 질문으로부터 용어 간의 유사도를 산출할 수 있다. 다른 하나는 새로 입력되어지는 문헌들을 분석하여 마찬가지로 문헌 내 용어의 동시출현빈도를 산출하여 용어 간의 유사도를 산출하는 방법이 있다. 전자를 질의기반 동적 지식베이스라 할 수 있고 후자를 문헌기반 동적 지식베이스라 할 수 있다. 특히 후자의 경우 새로운 문헌이 시스템에 입력되었을 때 지식베이스를 갱신하는 방식은 다양할 수 있다. 예를 들어, 기존에 입력되었던 문헌과 함께 새로운 문헌-용어행렬을 작성하고 새로운 용어관계를 산출하는 방법도 있을 수 있고 기존의 지식베이스는 그대로 두고 새로운 문헌집합만을 가지고 용어 간의 유사도를 산출하는 방식이 있다. 이와 같이 다양한 지식베이스 갱신방법을 사용함으로써 지식베이스의 성능을 비교 평가하는 연구가 있어야 할 것이다.

셋째, 잘 개발된 이용자 인터페이스는 일반적으로 검색성능을 향상시키는 기능을 한다. 특히 개념기반 검색에서는 이용자 인터페이스를 활용함으로써 검색성능을 크게 향상시킬 수 있다. 따라서 이용자 인터페이스를 활용함으로써 검색성능을 어느 정도 향상시킬 수 있는지에 대한 실험적 연구가 있어야 할 것이다.

<h1 style="text-align:center">참 고 문 헌</h1>

신은자. 1998. 피드백 정보를 이용한 불논리 검색 시스템의 성능 증진에 관한 실험적 연구. 박사학위논문, 연세대학교 대학원, 문헌정보학과.

정영미 외. 1993. 키워드 색인에 있어서의 한글 색인어의 선정을 위한 연구: 신문기사 색인 및 검색을 위한 시소러스 구성을 중심으로. 서울: 한국경제신문사.

정영미. 1993. **정보검색론**. 개정판. 서울: 구미무역.

한국경제신문사. 1993. **경제신문시소러스**. 서울: 한국경제신문사.

Arents, Hans C. and F. L. Bogaerts. 1993. "Concept-based retrieval of hypermedia information: from term indexing to semantic hyperindexing." *Information Processing & Management*, 29(3): 373-386.

Bookstein, A. and D. R. Swanson. 1975. "Probabilistic models for automatic indexing." *Journal of the American Society for Information Science*, 26(1): 45-50.

Chen, H. 1995. "Machine learning for information retrieval: neural networks, symbolic learning, and genetic algorithms." *Journal of the American Society for Information Science*, 46(3): 194-216.

Chen, H. and C. Lin. 1996. "An automatic indexing and neural network approach to concept retrieval and classification of multilingual (chinese-english) documents." *IEEE*

136

Tran- sactions on Systems, Man, and Cybernetics, 26(1): 1-14.

Chen, H. and K. J. Lynch. 1992. "Automatic construction of networks of concepts characterizing document databases." *IEEE Transactions on Systems, Man and Cybernetics,* 22(5): 885-902.

Chen, H. and T. D. Ng. 1995. "An algorithmic approach to concept exploration in a large knowledge network(automatic thesaurus consultation): symbolic branch-and-bound vs. connectionist Hopfield net activation." *Journal of the American Society for Information Science,* 46(5): 348-369.

Chen, H. and V. Dhar. 1991. "Cognitive process as a basis for intelligent retrieval systems design." *Information Processing & Management,* 27(5): 405-432.

Chen, H., J. Martinez, A. Kirchhoff, T. D. Ng, and B. R. Schatz. 1998. "Alleviating search uncertainty through concept associations: automatic indexing, co-occurrence analysis, and parallel computing." *Journal of the American Society for Information Science,* 49(3): 205-216.

Chen, H., K. J. Lynch, K. Basu, and T. D. Ng. 1993. "Generating, integrating, and activating thesauri for concept-based document retrieval." *IEEE EXPERT, Special Series on Artificial Intelligence in Text-based Information Systems,* 8(2): 25-34.

Chen, H., P. Hau, R. Orwig, L. Hoopes, and J. F. Nunamaker. 1994. "Automatic concept classification of text from electronic meetings." *Communications of the ACM,* 37(10): 56-73.

Chen, H., T. D. Ng, Joanne Martinez, and Bruce R. Schatz. 1997. "A concept space approach to addressing the vocabulary problem in scientific information retrieval: an experiment on the worm community system." *Journal of the American Society for Information Science,* 48(1): 17-31.

Chen, H., T. R. Smith, M. L. Larsgaard, Linda L. Hill, and Marshall Ramsey. 1994. "A geographic knowledge reprcocntation oyotem for mulLimedia geospaLial retrieval and analysis." [1997. 3. 5].

⟨http://ai.bpa.arizona.ed/papers/gkrs/gkrs.html⟩.

Chen, H., Tak Yim, David Fye, and Bruce Schatz. 1995. "Automatic thesaurus generation for an electronic community system." *Journal of the American Society for Information Science,* 46(3): 175-193.

Chen, H., Yin Zhang, and Andrea L. Houston. 1998. "Semantic indexing and searching using a Hopfield net." *Journal of Information Science,* 24(1): 3-18.

Cohen, P. R. and R. Kjeldsen. 1987. "Information retrieval by constrained spreading activation in semantic networks." *Information Processing & Management,* 23(4): 255-268.

Dalton, J. and A. Deshmane. 1991. "Artificial neural networks." *IEEE Potentials*, 10(2): 33-36.

Fogel, D. B. 1994. "An introduction to simulated evolutionary optimization." *IEEE Transactions on Neural Networks,* no.5: 3-14.

G ntzer, U., G. J ttner, G. Seegm ller, and F. Sarre. 1989. "Automatic thesaurus construction by machine learning from retrieval sessions." *Information Processing & Management,* 25(3): 265-273.

Hopfield, J. J. 1982. "Neural network and physical systems with collective computational abilities." *Proceedings of the National Academy of Science, USA,* 78(8): 2554-2558.

Humphreys, B. L. and D. A. Lindberg. 1989. "Building the unified medical language system." In *Proceedings of the Thirteenth Annual Symposium on Computer Applications in Medical Care.* Washington, DC: IEEE Computer Society Press, November, 5-8.

Knight, K. 1990. "Connectionist ideas and algorithms." *Communications of the ACM,* 33(11): 59-74.

Lippmann, R. P. 1987. "An introduction to computing with neural networks." *IEEE Acoustics Speech and Signal Processing Magazine,* 4(2): 4-22.

Lynch, K. J. and H. Chen. 1994. "Knowledge discovery from historical data: an algorithmic approach." [1997. 11. 4]. 〈http://ai.bpa.arizona.ed/papers/kdhd/kdhd.html〉

McCray, A. T. and W. T. Hole. 1990. "The scope and structure of the first version of the UMLS semantic network." In *Proceedings of the Fourteenth Annual Symposium on Computer Applications in Medical Care.* Los Alamitos, CA: Institute of Electrical and Electronics Engineers, November, 4-7.

Maron, M. E. and J. L. Kuhns. 1960. "On relevance, probabilistic indexing and information retrieval." *Journal of the ACM*, 7(3): 216-243.

Monarch, I. and J. G. Carbonell. 1987. "CoalSORT: a knowledge- based interface." *IEEE Expert*, 39-53.

Quinlan, J. R. 1983. "Learning efficient classification procedures and their application to chess end games." In *Machine Learning, An Artificial Intelligence Approach* Edited by R. S. Michalski, J. G. Carbonell and T. M. Mitchell. Palo Alto, CA: Tioga Publishing Company, 463-482.

Rada, R., H. Mili, E. Bichnell, and M. Blettner. 1989. "Development and application of a metric on semantic nets." *IEEE Transactions on Systems, Man and Cybernetics*, 19(1): 17-30.

Rajaraaman, V., H. Chen, and Sarma R. Nidumolu. 1994. "COSSAR: a concept space approach to the storage and retrieval of reusable software." [1997. 11. 4].

〈http://ai.bpa.arizona.ed/papers/cossar/cossar.html〉

Salton, G. 1976. "On the role of words and phrases in

automatic text analysis." *Computers and the Humanities*, 10(2): 69–87

Salton, G. 1989. *Automatic Text Processing*. Reading, MA: Addison–Wesley Publishing Company, Inc.

Salton, G., A. Wong, and C. T. Yu. 1976. "Automatic indexing using term discrimination and term precision measurements." *Information Processing & Management*, 12(1): 43–51.

Salton, G., Edward A. Fox, and Harry Wu. 1983. "Extended Boolean information retrieval." *Communications of ACM*, 26(12): 1022–1036.

Shoval, P. 1985. "Principles, procedures and rules in an expert system for information retrieval." *Information Processing & Management*, 21(6): 475–487.

Simon, H. 1991. "Artificial intelligence: where has it been, and where is it going?" *IEEE Transaction on Knowledge and Data Engineering*, 3(2): 128–136.

Simpson, P. K. 1990. *Artificial Neural Systems: Foundations, Paradigms, Applications, and Implementations*. New York: McGraw–Hill Book Company.

Sowa, J. F. 1991. "Panel: current issues in semantic network." In *Principles of Semantic Network: Explorations in the Representation of Knowledge*. San Mateo, CA: Morgan Kauffmann Publishers, Inc., 13–43.

Sparck Jones, K. 1972. "A statistical interpretation of term specificity and its application in retrieval." *Journal of Documentation*, 28(1): 11-21.

Tank, D. W. and J. J. Hopfield. 1987. "Collective computation in neuronlike circuits." *Scientific American,* 257(6): 104-114.

Weiss, S. M. and C. A. Kulikowski. 1991. *Computer Systems that Learn: Classification and Prediction Methods from Statistics, Neural Networks, Machine Learning, and Expert Systems.* San Mateo, CA: Morgan Kaufmann Publishers, Inc.

Winston, P. H. 1984. *Artificial Intelligence.* 2nd ed. Reading, MA: Addison-Wesley Publishing Company, Inc.

Wu, H. and G. Salton. 1981. "The estimation of term relevance weight using relevance feedback." *Journal of Documentation*, 37(4): 194-214.

· 저자 ·

노영희(魯榮姬)

· 약력 ·
연세대학교 문헌정보학과 정보학 박사
한국과학기술연구원(KIST) 자료실 연구원
한국정보공학(KIES) 정보검색엔진개발팀 팀장
이화여대 국제정보센터 자료실장
건국대학교 문헌정보학교 교수

· 주요논저 ·
『인문과학과 예술의 핵심 지식정보원』
『2004 한국문헌정보학 교과과정』
『경제학의 핵심 지식정보원』
「개념기반 검색을 위한 시소러스 관계의 효과적 활용방안에 관한 연구」
「주제별 분산 지식베이스에 의한 개념기반 정보검색시스템의 성능향상에 관한 연구」
「A Study on Automatic Text Categorization of Internet Documents」
「A Study on the Estimation of Performance of Concept-Based Information Retrieval Model Using the Web」
「기계학습 기반 피드백 과정을 통한 SDI 시스템의 성능향상에 관한 연구」
「문헌정보학 교육과정의 특성화된 프로그램 개발 및 활용에 관한 연구」
외 다수

개념기반 정보검색 기법

· 초판 인쇄	2005년 10월 20일
· 초판 발행	2005년 10월 20일
· 지 은 이	노영희
· 펴 낸 이	채종준
· 펴 낸 곳	한국학술정보㈜
	경기도 파주시 교하읍 문발리 526-2
	파주출판문화정보산업단지
	전화 031) 908-3181(대표) · 팩스 031) 908-3189
	홈페이지 http://www.kstudy.com
	e-mail(e-Book사업부) ebook@kstudy.com
· 등 록	제일산-115호(2000. 6. 19)
· 가 격	9,000원

ISBN 89-534-3305-3 93020 (Paper Book)
89-534-3306-1 98020 (e-Book)